Regine Zopf

Das Wunder von Reiki

Die sieben Grundregeln
einer erfolgreichen Reiki-Arbeit

Regine Zopf

Das Wunder von Reiki

Die sieben Grundregeln einer erfolgreichen Reiki-Arbeit

Weltenhüter Verlag

ISBN 3-929681-14-5

1. Auflage Mai 2001

Satz: Ralph Peters
Umschlaggestaltung: Ralph Peters
Umschlagbild: Regine Zopf
Weltenhüter Verlag GmbH, Scharnhorst

Printed in Czech Republic

„Erinnert euch daran,
daß Reiki immer verbunden ist
mit Stille, mit Nichttun und
mit Geschehenlassen.
Laßt es zu, daß sich euch
eure innere Welt vor euren
Augen und in eurem Herzen
erschließt und entfaltet.
Entdeckt, wer ihr wirklich seid,
was ihr für euch ersehnt
und wohin ihr gehen wollt.
Laßt das Wunder von Reiki geschehen!
Laßt das Wunder, das ihr seid, zu!

Die Weltenhüter

Inhalt

Vorwort

Nachdem ich 1994 das Buch* „Reiki – Ein Weg, sich selbst zu vervollkommnen“ für das Lichtwesen Sameen aus der Gruppe der Weltenhüter in medialen Sitzungen durchgegeben hatte, waren alle meine Fragen über Reiki beantwortet. Für mich waren die Einsichten, die ich in diesen Texten übermittelt bekommen hatte, eine große Hilfe und Unterstützung auf meinem Weg mit Reiki.

Im Laufe meiner Tätigkeit als Reiki-Lehrerin, Seminarleiterin und Vortragsreisende sind mir aber immer wieder Menschen begegnet, denen wichtige Aspekte von Reiki entweder unklar oder gar nicht bekannt waren. Oftmals hatten Menschen Reiki-Schnellkurse absolviert und fühlten sich danach allein gelassen oder verwirrt. So entstand in mir die Idee für dieses Buch, in dem ich versuchen möchte, jedem Leser die wichtigsten Voraussetzungen und Inhalte der Reiki-Arbeit in ihren grundsätzlichen Zügen zu vermitteln.

Die Weltenhüter haben sich vor der Arbeit an diesem Buch bereit erklärt, zu jedem der sieben Grundschritte für eine erfolgreiche Reiki-Arbeit etwas aus ihrer Sicht beizutragen. Zusätzlich habe ich mir zu den verschiedenen Themen oft ihren Rat eingeholt, so daß sie dieses Buch in großem Maße beeinflußt haben. Ich hätte niemals erwartet oder

---

* Der Buchtitel „Reiki – Ein Weg, sich selbst zu vervollkommnen“, Regine Zopf, ISBN 3-929681-09-9 ist im Weltenhüter Verlag erschienen.

erhofft, daß ihre Beiträge auch für mich noch einmal derartig interessante und tiefgreifende Anregungen für die Reiki-Arbeit beinhalten würden. Die Durchgaben der Weltenhüter sind jeweils am Anfang der Kapitel über die sieben Grundregeln *kursiv* gedruckt, um sie von den Texten, die von mir geschrieben wurden, unterscheiden zu können.

Reiki ist für mich seit langem eine unerschöpfliche Quelle der Inspiration, weit über die verschiedenartigen Behandlungen und meine Arbeit als Reiki-Lehrerin hinaus. Das Praktizieren von Reiki und die Integration der Symbole in meine Meditationen hat mir neue Bereiche meines Bewußtseins erschlossen und mir das unendliche Potential von Reiki für die Bewußtseinsentwicklung eines Menschen verdeutlicht.

Ich hoffe, daß Sie durch dieses Buch dazu angeregt werden, tiefer in die vielfältigen Dimensionen dieser wunderbaren Methode einzutauchen.

Einleitung

Meine erste Begegnung mit Reiki fand im Jahre 1986 statt, als mir eine Freundin eine Serie von Behandlungen anbot. Sie war gerade in den ersten Grad eingeweiht worden, und sie wollte unbedingt das Gelernte üben. Da mich schon seit längerem eine hartnäckige Erkältung beschäftigte, nahm ich ihr Angebot gerne an, obwohl ich nicht wußte, was Reiki war und wie eine Sitzung ablaufen würde. Meine Freundin gab mir an vier aufeinanderfolgenden Tagen ausführliche Behandlungen, die mir sehr gut taten und mich so tief beeindruckten, daß ich Reiki selbst erlernen wollte. Das ging nicht sofort, denn ich mußte erst warten, bis wieder ein Reiki-Lehrer in meine Stadt kam, um einen Kurs abzuhalten. Zu dem damaligen Zeitpunkt gab es, im Gegensatz zu heute, noch nicht sehr viele Reiki-Lehrer.

Die Einweihung in den ersten Grad von Reiki war ein einschneidendes Erlebnis für mich. Ich hatte das Gefühl, genau das Richtige für mich gefunden zu haben, ja, Reiki kam mir sogar sehr vertraut vor. Am Abend des ersten Seminartages sollten wir uns zu Hause vor dem Schlafengehen noch einmal eine Selbstbehandlung geben, was ich auch gerne tat. Dabei begann es, auf meiner Stirn zu kribbeln und zu brennen. Zunächst breitete sich dieses Brennen auf der linken Seite meiner Stirn aus, dann wanderte es auf die rechte Seite und pendelte sich schließlich während des weiteren Abends in der Mitte ein. Dieses Phänomen tat zwar nicht weh, aber es war auch nicht gerade angenehm, denn ich fühlte so viel Energie in mir, daß ich nicht wußte, wohin damit, und ich fand in dieser Nacht fast keinen Schlaf. Am nächsten Morgen fragte ich meinen Reiki-Lehrer, was mit mir geschehen war, und er meinte, daß wahrscheinlich mein Drittes Auge-Chakra durch die ersten zwei Einweihungen aktiviert worden war. Ich verstand zwar nicht genau, was das für mich bedeutete, aber zu einem späteren Zeitpunkt wurde mir klar, daß mein Reiki-Lehrer recht gehabt hatte.

Nach dem Seminar gab ich mir mindestens ein Jahr lang regelmäßig jeden Tag Reiki. Die Selbstbehandlung wurde ein fester Bestandteil meines Tagesablaufs, den ich voller Begeisterung und Enthusiasmus ausübte. Die Behandlungen waren für mich keine Pflichtübung, zu der ich mich zwingen mußte, sondern sie wurden für mich zu einem Werkzeug der Selbsterforschung, das ich jeden Tag freudig einsetzte. Durch dieses regelmäßige Praktizieren wurden für mich plötzlich viele Dinge möglich, die mir bisher schwergefallen waren. Schon vor dem Reiki-Seminar hatte ich bereits seit Jahren alle möglichen Arten der Meditation ausprobiert und mich vor allem in der klassischen Meditation – dem Zeugesein der eigenen Gedanken – geübt. Durch Reiki erreichte ich nun mühelos Tiefen der Entspannung und Bewußtheit, in denen es ganz leicht war, meine Gedanken zu beobachten. Das, was ich vorher jahrelang mühevoll versucht hatte, passierte nun wie von selbst. In den Selbstbehandlungen konnte ich dabei zusehen, wie meine Gedanken kamen, durch meinen Kopf hindurchliefen und ihn wieder verließen, ohne daß ich mich mit ihnen identifizierte oder sie festhielt. Wer einmal in einer Meditation versucht hat, Zeuge der eigenen Gedanken zu sein, weiß, wie schwer es ist, nicht sofort in ihren Sog hineingezogen zu werden. Bisher hatte ich immer nur davon gehört, wie schön und erfüllend es ist, diesen Zustand zu erreichen, jetzt erlebte ich es unmittelbar. Das war für mich bereits ein kleines Wunder! Aber dabei blieb es nicht.

Nach einiger Zeit ergab es sich, daß ich die Szenen und Bilder, die meinen Kopf während der Reiki-Selbstbehandlung durchströmten und die ich lediglich beobachtete, später im täglichen Leben wirklich erlebte. Einmal sah ich mich, während ich mir Reiki gab, z.B. auf dem Marktplatz meiner Stadt stehen und ein Bekannter kam auf mich zu. Das war eine völlig belanglose Szene, der ich keinerlei Bedeutung beimaß und die ich sofort vergaß. Erst als sich diese Szene am gleichen Nachmittag ganz genauso abspielte, wie ich sie am Morgen gesehen hatte, erinnerte ich mich wieder an sie, und es traf mich wie ein Hammerschlag, daß ich diese Szene vorausgesehen hatte.

Diese Art der Vorausschau wiederholte sich in den nächsten Wochen fast jeden Tag. Am Morgen sah ich in meiner Reiki-Behandlung irgendwelche Szenen, z.B. daß ein bestimmter Freund anrufen und mich besuchen wollte, und wenig später fanden diese Ereignisse wirklich statt. Das war zwar aufregend und spannend, aber es jagte mir auch etwas Angst ein, weil ich mir nicht wirklich erklären konnte, was mit mir geschah. Ich erinnerte mich an meinen Reiki-Lehrer, der mir im Seminar gesagt hatte, daß mein Drittes Auge aktiviert worden war und verstand plötzlich, daß sich dies durch meine Behandlungen fortgesetzt hatte. Trotz einer gewissen Angst, fuhr ich mit den Selbstbehandlungen fort, denn ich spürte intuitiv, daß das wichtig und gut für mich war.

Der zweite Grad von Reiki war für mich die nächste Offenbarung. Es fiel mir leicht, die Symbole zu lernen und mit ihnen zu arbeiten. Durch die Technik der Mental- oder Geistbehandlung wurde ich angeregt, mir genau zu überlegen, was ich in meinem Leben erreichen und tun wollte. Mir fiel so vieles dazu ein, daß ich aus Euphorie heraus mehrere Mentalbehandlungen täglich einige Wochen lang direkt hintereinander machte, bis ich letztendlich merkte, daß ich den Bogen überspannt hatte. Daraus lernte ich, daß auch etwas grundsätzlich Positives zuviel sein konnte. Sofort nach dem Seminar fing ich auch an, meinen Freunden, die offen für Reiki waren, Fernbehandlungen zu senden, und ich bekam von ihnen begeisterte Rückmeldungen.

In den nächsten Jahren arbeitete ich sehr viel mit Reiki in Form von Körper-, Mental- und Fernbehandlungen, und ich bin heute überzeugt davon, daß diese Arbeit mich dabei unterstützt hat, meine medialen Fähigkeiten auszubilden, ohne daß ich mir damals darüber bewußt war. Bis zu diesem Zeitpunkt hatte ich nie darüber nachgedacht oder darauf hingearbeitet, mediale Kontakte zu höheren Bewußtseins- oder Lichtebenen herzustellen. Dies war kein Wunsch von mir oder etwas, das ich erreichen wollte. Channeling und mediale Durchgaben erschienen mir sogar eher befremdlich und dubios. Trotz dieser Einstellung führte mich mein Lebensweg und meine Entwicklung hin zu dem Punkt, an dem ich mich für die geistige Unterstützung der Lichtwesen öffnete, und ich erfuhr dabei, daß es mir sehr leicht fiel, ihre Botschaften zu übermitteln. Daß dies für mich von

Anfang an so mühelos und ohne große Anstrengung möglich war, führe ich vor allem auf meine langjährige Meditationspraxis und auf das intensive Jahr der Reiki-Selbstbehandlung zurück, in dem vor allem über das Dritte Auge meine medialen Fähigkeiten angeregt und gefördert wurden.

Nach fünf Jahren Reiki-Praxis war für mich 1991 der richtige Zeitpunkt gekommen, Reiki-Lehrerin zu werden. Alles stimmte damals, denn ich war innerlich bereit für diesen Schritt. Außerdem hatte ich die finanziellen Mittel und auch die richtige Reiki-Lehrerin. Die Einweihung zur Reiki-Lehrerin war für mich ein sehr starkes und überwältigendes Erlebnis, bei dem mir währenddessen und auch in den Tagen hinterher vieles über Reiki bewußt wurde. Informationen über Reiki standen mir plötzlich wie aus dem Nichts heraus zur Verfügung und wieder war ein Impuls in mir, Reiki schon seit langer Zeit zu kennen. Was damals mit mir geschah, kann ich am besten mit dem Gefühl der Überwältigung umschreiben – alles stimmte und paßte in diesen Tagen für mich zusammen, und ich hatte das tief befriedigende Gefühl, auf dem richtigen Weg zu sein.

In den Wochen nach der Einweihung zur Reiki-Meisterin überlegte ich mir, wie ich meine künftigen Seminare gestalten wollte. Dabei wurde mir übermächtig klar, daß ich in meiner gesamten Ausbildung etwas Entscheidendes vermißt hatte, das ich nun als Lehrerin dringend benötigen würde – eine fundierte Erklärung darüber, was Reiki genau ist, wie es wirkt und wie ich das anderen schlüssig erklären konnte.

Bis hierhin hatte ich den generellen Mangel an Erläuterungen zwar als ein Manko erlebt, aber ich hatte ihn akzeptiert, weil ich die Wirkung von Reiki durch meine Selbstbehandlungen als heilend, wohltuend und erweiternd erlebt hatte und niemandem erklären mußte, wie das vonstatten ging. Nun konnte ich es als Reiki-Lehrerin nicht im Raum stehen lassen, daß für mich viele Fragen offen waren. Es beunruhigte mich, daß ich nicht das Wissen und die Sicherheit hatte, meinen Schülern schlüssig erläutern zu können, was in den Behandlungen und Einweihungen gemacht wird und was dabei wirklich geschieht. In meiner Zeit als Reiki-Schülerin und -Praktizierende hatte ich es viele Male erlebt, daß immer, wenn eine Frage über Reiki nicht beantwortet werden konnte, gesagt wurde, daß man einfach vertrauen muß. Diese Antwort empfand ich immer als eine Verlegenheitslösung, die mit einem Mangel an Wissen zu tun hatte. Dies wollte ich meinen Schülern nicht zumuten. Aber wie konnte ich mehr über Reiki erfahren, wie konnte ich selbst die Gesetzmäßigkeiten dieser Methode ergründen? Ich machte mich auf die Suche und kaufte zuerst einmal einige Bücher, in denen ich, über die allgemeinen und üblichen Erklärungen hinaus, nichts Neues fand, das mir weiterhalf, mein Wissen zu vertiefen.

Die erste große Hilfe bekam ich dadurch, daß ich bei meinen Lichtfreunden „den Weltenhütern", mit denen ich schon seit einigen Jahren in geistiger Verbindung stand, in eine Art Ausbildung ging, indem ich ihre ersten beiden Bücher* über die Chakren und die Energiekörper des Menschen durchgab. Während der Arbeit an diesen Büchern konnte ich das erste Mal wirklich etwas über das feinstoffliche Energiesystem des Menschen verstehen und Zusammenhänge in diesem nachvollziehen. Bis hierhin waren

---

* Die Buchtitel „Das Unsichtbare wird sichtbar, die Chakren und ihre Bedeutung für den heutigen Menschen", Regine Zopf, ISBN 3-929681-00-5 und „Das Unsichtbare wird sichtbar, die Energiekörper des heutigen Menschen", Regine Zopf, ISBN 3-929681-01-3 sind im Weltenhüter Verlag erschienen.

die Chakren, die ja Teil der Erklärungen des ersten Grades von Reiki sind, immer etwas Theoretisches für mich, und ich hatte selbst keinen unmittelbaren Bezug zu ihnen. Mir war zwar bekannt, daß frühere östliche Kulturen das Wissen über die verschiedenen Energiekörper des Menschen ausführlich studiert und erforscht hatten, aber mir war ihre Bedeutung nicht klar. Es war nicht Teil meiner Erfahrung, wie sich meine Chakren anfühlten, und ich wußte auch nicht, in welchem Zustand sie waren und wie sie sich auf mein Verhalten im täglichen Leben auswirkten.

Im Laufe der Arbeit an den Büchern der Weltenhüter erwarb ich mir nicht nur ein theoretisches Wissen, sondern auch unmittelbare praktische Erfahrungen durch die in ihnen angebotenen Übungen und Meditationen. Ich entdeckte, daß sich jeder, der grundsätzlich versteht, wie die unterschiedlichen Energieebenen des Menschen funktionieren und miteinander zusammenarbeiten, viele Fragen über Reiki selbst beantworten kann. Es braucht natürlich Zeit und ein grundsätzliches Interesse an diesem Thema, bis man die eigene komplexe Feinstofflichkeit wahrnehmen kann und erkennt, wie sie das tägliche Leben bestimmt. Durch die Arbeit mit den eigenen Chakren und Energiekörpern geschieht aber eine intensive Selbsterfahrung und -erforschung, die jeden Menschen große Schritte hin zur Entfaltung des eigenen Potentials tun läßt, wenn man sie aufrichtig betreibt.

Dieses Wissen über das feinstoffliche Energiesystem und meine eigenen Erfahrungen mit ihm sind heute die Basis für mein Verständnis über Reiki. Das reichte mir damals aber noch nicht endgültig aus, denn einige grundlegende Fragen über Reiki waren für mich immer noch offen. Eines Tages fragte ich deshalb die Weltenhüter, ob sie direkt etwas zu Reiki sagen und ein Buch zu diesem Thema durchgeben wollten. Sie willigten ein und ihre Texte vermittelten mir einen so tiefen Einblick in Reiki, daß für mich keine Fragen mehr offen blieben. Nun hatte ich endlich das Gefühl, eine wirkliche Reiki-Lehrerin zu sein.

Durch die übermittelten Texte der Weltenhüter wurde ich in vielen Punkten bestätigt, die bisher über Reiki gesagt worden und mir unsinnig erschienen waren. Zum Beispiel wurde die Meinung vertreten, daß man Reiki auch nebenbei machen könne, man müsse nur die Energie fließen lassen. Das hatte zur Folge, daß es etwas Normales war, fernzusehen und gleichzeitig Reiki zu geben. Ein anderer Punkt, der mir nie gefallen hatte, war die angebliche Allheilwirkung, die besagte, daß es völlig gleichgültig sei, wer eine Behandlung gab und wie dieses Geben ablaufen würde, da Reiki immer unabhängig vom Gebenden wirksam und neutral fließen würde. Das erschien mir unglaubwürdig und hörte sich nach einem einfachen Wunschgedanken an, der keine Voraussetzungen und Ansprüche an den Reiki-Gebenden stellte. In der Realität hatte ich aber bereits erfahren, daß es auch unangenehm sein konnte, von Menschen Reiki zu bekommen, die auf die eine oder andere Art sehr problembeladen waren oder bestimmte Erwartungen an mich hatten. Die Erklärungen der Weltenhüter zeigten in ihren Texten auf liebevolle Art unter anderem auf, daß Reiki eine meditative Methode ist, bei der vor allem eine bewußte und respektvolle Haltung und Einstellung der Reiki-Praktizierenden von Bedeutung ist.

Aus diesen neuen Informationen, gepaart mit dem vorher erlernten Wissen und meinen Erfahrungen mit dem feinstofflichen Energiesystem, entwickelte ich meinen Weg und meine Sicherheit als Reiki-Lehrerin. Ich freue mich darüber, daß Reiki langsam ernster genommen wird und daß die Zeit, in der Reiki als ein schnelles Allheilmittel angesehen wurde, zu Ende geht. Viele Reiki-Lehrer sind inzwischen zu der Einsicht gelangt, daß alles, was man tut, von der eigenen Bewußtheit bestimmt wird, vor allem bei solch meditativen Tätigkeiten wie Reiki-Behandlungen. Im Laufe der Jahre als Reiki-Praktizierende und -Lehrerin habe ich Reiki nie als ein Wunder- oder Allheilmittel gegen jegliche Arten von Krankheiten, Problemen oder Schwierigkeiten angesehen, aber ich habe erlebt, daß durch Reiki Wunder geschehen können.

Zu den Reiki-Seminaren des ersten Grades kommen die Teilnehmer meistens etwas angespannt, unsicher und manchmal auch skeptisch, denn sie können trotz all der angebotenen Literatur im Endeffekt doch nicht wissen, was genau auf sie zukommt. Wie sollen sie wissen, was eine Einweihung ist? Alleine schon das Wort „Einweihung" klingt in den Ohren der meisten westlichen Menschen seltsam. Es ist aber jedes Mal neu und überraschend mitzuerleben, wie sich die Stimmung der Teilnehmer am Ende des ersten Seminartages nach der zweiten Einweihung und nach dem Üben an einem Partner verändert. Alle Teilnehmer bekommen eigentlich immer leuchtende Augen, rote Wangen und heiße Hände und haben ein Aha-Erlebnis, wenn sie das erste Mal bewußt Energie fließen fühlen.

Das eigentliche Wunder von Reiki ist, daß es jedem auf unmittelbare und sehr einfache Art erfahrbar macht, daß wir Menschen nicht nur Wesen aus Fleisch und Blut, sondern auch Energiewesen sind, die laufend von einer feinen und doch sehr starken Energie durchströmt werden. Durch Reiki sind in den letzten zwei Jahrzehnten unzählige Menschen aller Bevölkerungsschichten – Hausfrauen, Manager, Priester, Künstler, Schüler und viele andere – auf positive Weise damit konfrontiert worden, daß es so vieles mehr als nur die physisch sichtbare Materie gibt, und es wurde für sie möglich, eine unsichtbare, aber real existierende Energie leicht und schnell zu erspüren. Für viele Menschen wurde Reiki zu einem Tor in eine völlig neue Welt, die ihnen das eigene Potential als Energiewesen bewußt macht. Das ist in meinen Augen das große Geschenk von Reiki, das aufmerksam und respektvoll gehütet werden sollte.

In den letzten Jahren gab es viele Turbulenzen um Reiki. Es wurde Neues erfunden und in den Raum gestellt, ohne das bereits Vorhandene völlig verstanden zu haben. Es wurde über die Wirkung spekuliert, und es wurde manipuliert. In dieser Zeit durchlebte ich Phasen, in denen ich mir ernsthaft überlegte, ob ich meine Tätigkeit als Reiki-Lehrerin nicht aufgeben sollte, weil ich mich mit all den Vorkommnissen und Geschehnissen um Reiki herum nicht identifizieren konnte und wollte. Schließlich kam ich aber zu dem Schluß, daß diese äußerlichen Geschehnisse mit der Essenz von Reiki überhaupt nichts zu tun hatten, und ich erinnerte mich daran, wieviele positive Veränderungen Reiki in mir und in anderen, mir bekannten Menschen bereits bewirkt hatte. Reiki in seiner Ursprungsform ist ein hohes Gut, und man braucht etwas Zeit und Geduld, bis man es sich völlig erschlossen hat. Leider kommt es oft vor, daß Reiki-Eingeweihte bereits nach einem Einführungsseminar aus den unterschiedlichsten Gründen sofort wieder aufhören, Reiki zu praktizieren, weil sie sich zu unsicher fühlen.

In diesem Buch möchte ich auf einfache Art in sieben Schritten darstellen, wie man sich Reiki erschließen und wie man die Voraussetzungen dafür schaffen kann, es immer wieder neu und auf einer noch tieferen Ebene zu erfahren. Ich werde keine „neuen“ Symbole oder ein „besseres und höheres" Reiki vorstellen, sondern ich werde darlegen, was alles beachtet werden muß oder beachtet werden sollte, damit man die Wirkungsweise und die vielfältigen Anwendungsmöglichkeiten dieser einzigartigen Methode wirklich verstehen und für sich auf Dauer nutzbar machen kann.

Eine erfolgreiche Reiki-Arbeit sollte es dem Reiki-Praktizierenden ermöglichen, sich selbst schrittweise näherzukommen, wodurch ihm sein eigenes Potential bewußt werden kann. Alle Menschen, die ein Interesse an Heilung, Erweiterung, Meditation und Bewußtwerdung haben, können dann durch Reiki eine immense Unterstützung erfahren und sich davon bereichern lassen.

Das Wunder von Reiki

Reiki und das feinstoffliche Energiesystem des Menschen

Heutzutage ist fast jeder Mensch daran gewöhnt, nur das anzuerkennen, wertzuschätzen und als wirklich existent zu akzeptieren, was physisch seh- und anfaßbar ist. Trotz dieser materiellen Orientierung hat Reiki bereits vielen Menschen zu Erfahrungen in ganz anderen, feinstofflichen Bereichen verholfen. Die Reiki-Einweihungen und -Behandlungen lösen und lösten in ihnen die unterschiedlichsten Reaktionen, wie z. B. Entspannung, Ruhe, Freude oder Liebe, aus und vor allem vermittelten sie ihnen Erfahrungen mit feinstofflicher Energie.

Doch wie geschieht das, und was ist das für eine Energie, die all diese Phänomene auslöst? Um die Wirkung der Reiki-Energie besser verstehen zu können, möchte ich als Einführung in dieses Thema zunächst einmal kurz das feinstoffliche Energiesystem des Menschen erläutern.

Der Mensch besteht aus verschiedenen Erfahrungs- und Schwingungsebenen. Die erste Ebene ist der physische Bereich, der nicht nur die feste Materie, sondern bereits viele nicht seh- und anfaßbare Komponenten, wie z.B. das Magnetfeld beinhaltet.

Die zweite Ebene ist der emotionale oder auch astrale Schwingungsbereich, in dem alle Gefühle ablaufen.

Die dritte Ebene ist der mentale Bereich, der von allen Gedanken, Vorstellungen und Visionen geformt wird.

Die vierte und höchste Bewußtseinsebene des Menschen ist der spirituelle Bereich, der das reine Sein, das Höhere Selbst oder die Seele verkörpert.

Diese vier verschiedenen Schwingungsbereiche formen jeweils einen Energiekörper. Der erste Körper ist der physisch feste Körper zusammen mit dem Ätherkörper, der alle physisch feinstofflichen Komponenten enthält.

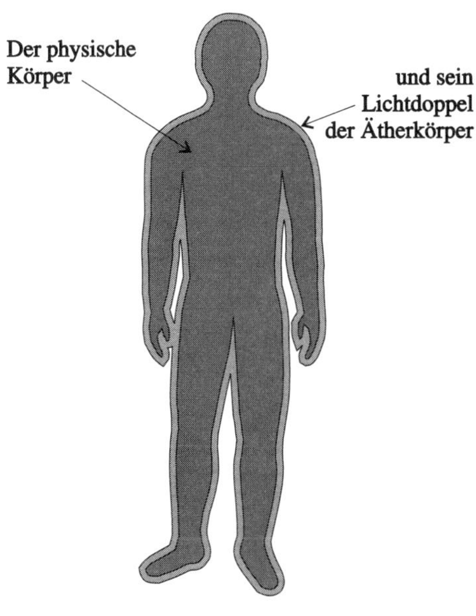

Der zweite Energiekörper ist der Emotional- oder auch Astralkörper. Er hat in etwa die Form des physischen Körpers. Seine Größe wird davon bestimmt, welches Gefühlsspektrum ein Mensch lebt und wie er mit Gefühlen umgeht.

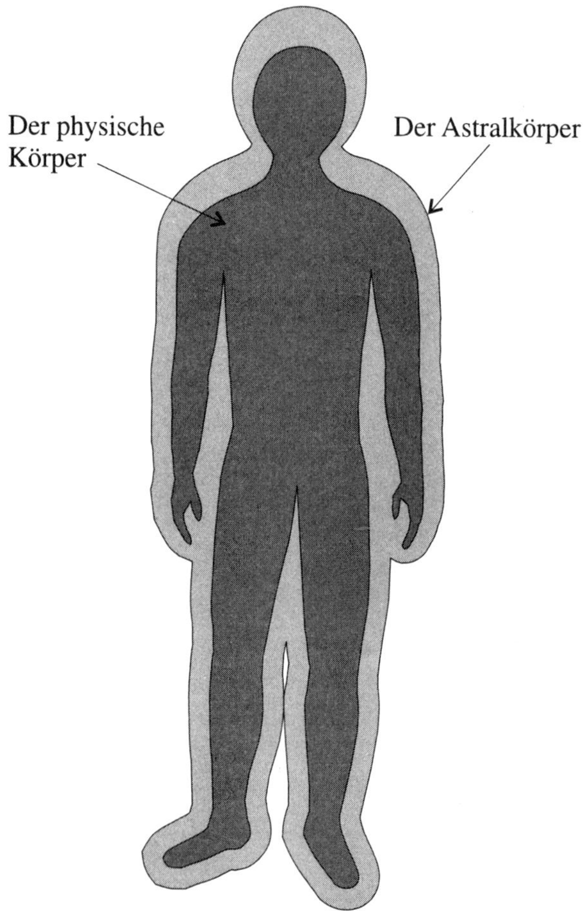

Der dritte Energiekörper ist der Mentalkörper, der wieder in etwa die Form des physischen Körpers einnimmt. Seine Größe und Ausgeprägtheit ist davon abhängig, wie stark ein Mensch sein mentales Potential ausbildet.

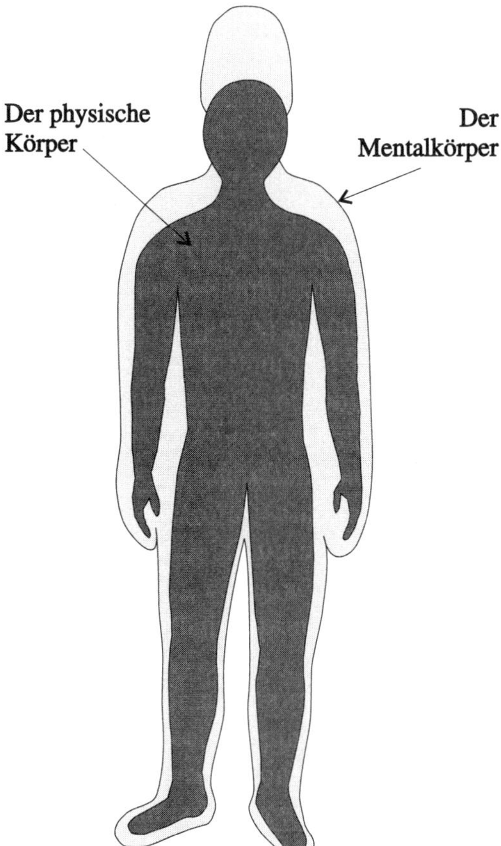

Der vierte Energiekörper ist der Spiritualkörper, der nicht mehr die Form des physischen Körpers hat. Er befindet sich bei einem nicht vollständig zu seiner Spiritualität erwachten Menschen etwas oberhalb des Ätherkörpers.

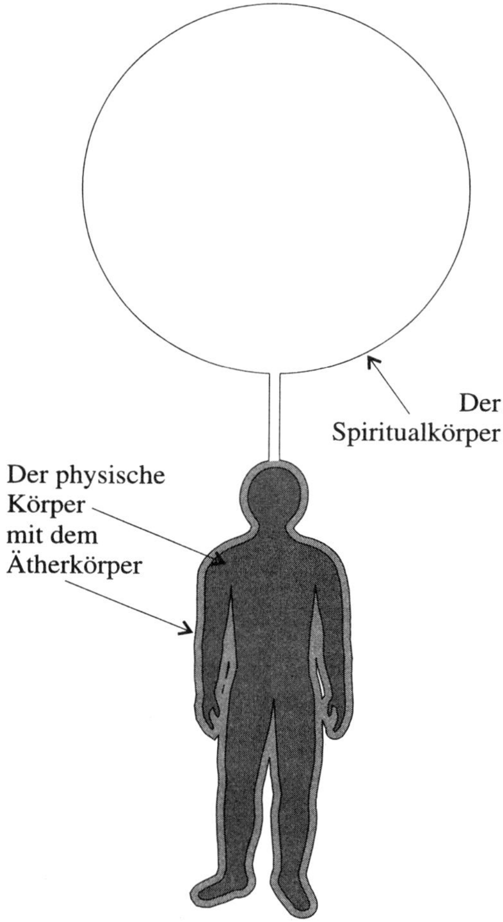

Alle vier Energiekörper bilden gemeinsam das gesamte feinstoffliche Energiesystem des Menschen. Natürlich existieren diese vier Erfahrungs- und Schwingungsbereiche nicht getrennt voneinander, sondern sie beeinflussen sich ständig gegenseitig.

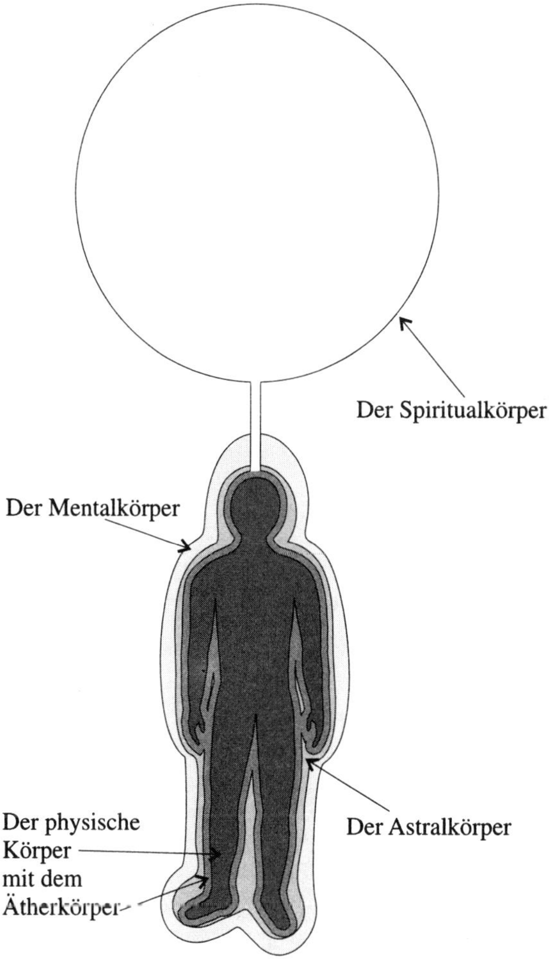

Die höherschwingenden Energiekörper durchdringen die niedrigerschwingenden vollkommen. Der Astralkörper durchwirkt den gesamten physischen Körper. Das bedeutet u.a., daß alle Gefühle, die ein Mensch fühlt, einen sehr starken und direkten Einfluß auf die physische Energieebene ausüben. Der Mentalkörper durchdringt dementsprechend den Astral- und den physischen Körper. Verändert sich etwas in einem dieser ersten drei Energiekörper oder Energieebenen des Menschen, wirkt sich dies immer auch auf alle anderen aus. Der Spiritualkörper ist mit diesen drei Energiekörpern durch einen feinen Energiekanal verbunden, über den er ihnen laufend Energie sendet. Alle Energiebereiche des Menschen sind also direkt miteinander verbunden und beeinflussen sich gegenseitig sehr stark.

Wie arbeitet die Reiki-Energie innerhalb dieses komplexen Energiesystems? Um diese Frage beantworten zu können, müssen wir die physische Energieebene näher betrachten.

Der seh- und anfaßbare Teil des physischen Körpers besteht aus allen Formen der Materie. Es gibt aber auch viele Anteile im physischen Energiesystem des Menschen, die unsichtbar und doch genauso existent wie die sichtbaren Anteile sind. Ein Beispiel hierfür sind die Meridiane, die über die Akupunkturpunkte beeinflußt werden können. Der physische Körper könnte endlos seziert werden und doch würde man niemals einen Meridian entdecken. Trotzdem muß selbst die westliche, materiell orientierte Medizin inzwischen ihre Existenz indirekt anerkennen, da eine Behandlung dieser nicht physisch nachweisbaren Energiebahnen oftmals eine sehr positive Auswirkung auf die Gesundheit hat. Es gibt aber noch viele weitere Bereiche des physischen Körpers, die unsichtbar sind und inzwischen schon gemessen oder indirekt sichtbar gemacht werden können, wie z.B. das Magnetfeld des Körpers oder seine Biophotonenausstrahlung. Insgesamt besteht der physisch feste Körper aus den verschiedensten Atomen in flüssiger, fester und gasförmiger Form, aber auch aus elektrischen, magnetischen und weiteren Komponenten.

All diese Anteile des physisch festen Körpers werden von seinem Lichtdoppel, dem Ätherkörper, durchwirkt. Dieser für das physische Auge unsichtbare Energiebereich wird ebenfalls immer mehr von der Wissenschaft entdeckt und einige seiner Auswirkungen können z.B. in der Kirlian-Photographie sichtbar gemacht werden. Der gesamte physisch feste Körper ist also umhüllt und durchdrungen von reiner physischer Lichtenergie, die man den Ätherkörper nennt. In ihm gibt es wiederum verschiedenste Energieabstufungen, Energieorgane und -kanäle, die die kosmische Lebens- oder Ätherenergie aufnehmen, weiterleiten oder umwandeln und dem physisch festen Körper dadurch zur Verfügung stellen.

Im niedrigsten Frequenzspektrum des Ätherkörpers befinden sich z.B. die Meridiane, die den gesamten Körper durchdringen und alle wichtigen Bereiche mit Energie versorgen. In einem anderen Energieniveau des Ätherkörpers findet man die Chakren, die die ursprüngliche Ätherenergie in verschiedene Unterfrequenzen transformieren. Sie sind direkt mit den weiteren Energiekörpern des Menschen – dem Emotional-, dem Mental- und dem Spiritualkörper – verbunden und schwingen mit ihnen synchron.

Die Chakren im Ätherkörper

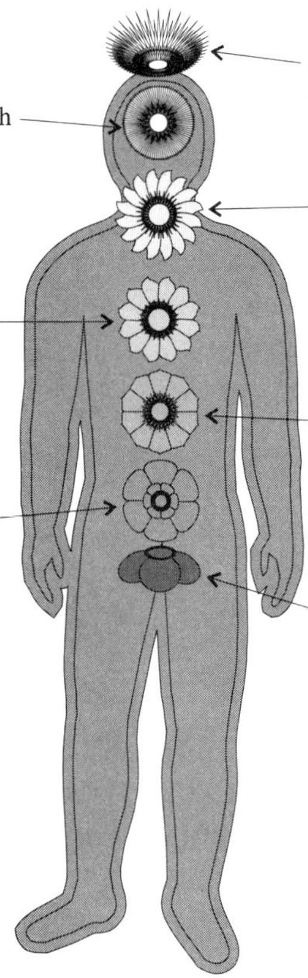

Jedes Chakra wandelt die ursprüngliche Äther- oder Lebensenergie in Unterfrequenzen um, die bestimmte Körperbereiche, Organe und vor allem endokrine Drüsen mit dieser Energie versorgen.

Das erste Chakra, das auch Basis- oder Wurzel-Chakra genannt wird, schwingt in Resonanz mit dem unteren Bauchbereich und seinen entsprechenden Organen, mit den Nebennieren, mit den Beinen und den Füßen. Der Zustand dieses Chakras entspricht der Erdung des Menschen und seiner Einstellung gegenüber seinem physischen Dasein auf der Erde.

Das zweite Chakra, das auch Sakral-Chakra genannt wird, schwingt in Resonanz mit dem Beckenbereich, mit den Geschlechtsorganen und -drüsen. Sein Zustand spiegelt die physische Vitalität und Spannkraft des Menschen wider und seine Einstellung gegenüber der Sexualität.

Das dritte Chakra, das auch das Solarplexus-Chakra genannt wird, schwingt in Resonanz mit dem Magen, der Leber, der Galle und der Bauchspeicheldrüse. Sein Zustand entspricht dem allgemeinen Gefühlsleben des Menschen und seiner Beziehung zur Macht.

Das vierte Chakra, das Herz-Chakra, schwingt in Resonanz mit dem physischen Herzen, mit der Lunge und mit der Thymusdrüse. Sein Zustand ist davon abhängig, ob ein Mensch das Gefühl der Liebe zulassen und leben kann.

Das fünfte Chakra, das Hals-Chakra, schwingt in Resonanz mit dem gesamten Halsbereich und mit der Schilddrüse. Sein Zustand entspricht der Fähigkeit und Bereitschaft eines Menschen, sich in allen Bereichen auszudrücken.

Das sechste Chakra, das auch das Dritte Auge-Chakra genannt wird, schwingt in Resonanz mit dem gesamten Kopfbereich und mit der Hypophyse. Sein Zustand spiegelt die Ausbildung der höheren geistigen Fähigkeiten eines Menschen wider.

Das siebte Chakra, das auch Kronen-Chakra genannt wird, schwingt in Resonanz mit der Schädeldecke und der Zirbeldrüse. Sein Zustand entspricht der Öffnung des Menschen für seine Spiritualität oder seiner Hinwendung zum Göttlichen.

Alle Chakren sind miteinander verbunden und tauschen Energie untereinander aus. Die Ätherenergie, die ein Chakra transformiert hat, wird direkt von den mit ihm in Resonanz schwingenden Organen und vor allem auch von den jeweiligen endokrinen Drüsen aufgenommen. Das endokrine Drüsensystem spielt innerhalb des physisch festen Körpers eine bedeutende Rolle, da es wichtige Hormone produziert und bereitstellt. Schwingt ein Chakra in seiner harmonischen Grundfrequenz, so veranlaßt die von ihm ausstrahlende Ätherenergie, daß die entsprechende endokrine Drüse die in ihr gelagerten Hormone ausschüttet. Diese Hormone steuern ihrerseits wiederum entsprechende Körperfunktionen und Organe. Die Chakren sind somit für den physischen Gesamtorganismus sehr bedeutsam, aber sie spielen auch noch bei weiteren Vorgängen eine große Rolle.

Als Veranschaulichung möchte ich hierzu ein kurzes Beispiel für das Zusammenspiel der Chakren mit dem physischen Körper und mit den höheren Energiekörpern geben. Wenn ein Mensch z.B. immer wieder das Gefühl der Freude erlebt, dann wird sein Astralkörper in diesen Momenten von einer starken Energiewelle durchströmt. Diese kraftvolle Energiewelle der Freude im Astralkörper wirkt natürlich jedesmal auch auf das Chakra ein, das mit ihm in Resonanz schwingt, in unserem Beispiel ist es das Solarplexus-Chakra. Das Chakra wird dadurch stimuliert, mit harmonischer Energie versorgt und angeregt, selbst stärker in einem harmonischen Bereich zu arbeiten.

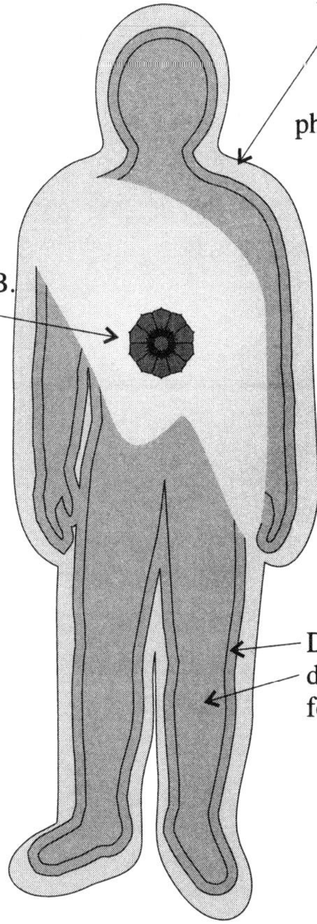

Das Chakra sendet dann wiederum diese stärkere, intensiver schwingende Ätherenergie aus, die auf alle entsprechenden Organe und Drüsen einwirkt. Der Magen, die Leber und die Galle werden mit ausgeglichener harmonischer physischer Energie versorgt und die Bauchspeicheldrüse wird angeregt, ihre Hormone in einer aufbauenden und stärkenden Weise in den Körperorganismus abzugeben. Im Laufe der Zeit entsteht dadurch ein höheres, harmonisches Gleichgewicht und der physische Organismus des Menschen wird stabilisiert und gestärkt.

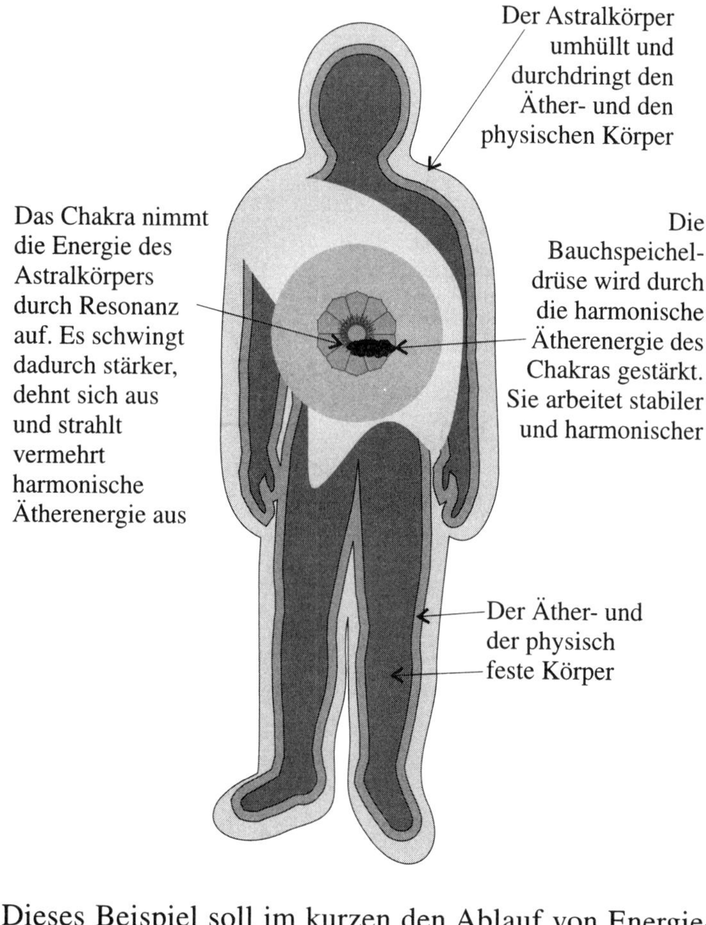

Dieses Beispiel soll im kurzen den Ablauf von Energiegeschehnissen im Menschen, angefangen bei den höheren Energiekörpern, über die Chakren, bis hin zum physisch festen Körper illustrieren.

Hier noch einmal eine Übersicht über die einzelnen Chakren, ihre Qualitäten und die mit ihnen verbundenen endokrinen Drüsen und Energiekörper.

Chakra	**Name**	**Aufgabe**	**resonante endokrine Drüse**	**resonante Organe u.a.**	**resonanter Energiekörper**
Erstes	Basis- oder Wurzel-Chakra	Gewährleistet die Verbindung zum physisch festen Körper und zu der Erde	Nebennieren	Beine, Füße, Knochenbau, unterer Bauchbereich	physischer Körper
Zweites	Sakral-Chakra	Regelt die physische Vitalität und die Sexualität	Geschlechtsdrüsen	Geschlechtsorgane, Beckenraum	physischer Körper
Drittes	Solarplexus-Chakra	Gefühlszentrum, regelt die natürliche eigene Autorität und Macht	Bauchspeicheldrüse	Magen, Leber, Galle	Astralkörper (Emotionalkörper)
Viertes	Herz-Chakra	Ermöglicht das Erleben von Liebe und Mitgefühl	Thymusdrüse	Herz, Lungen	Astralkörper (Emotionalkörper)
Fünftes	Hals-Chakra	Kreativitäts- und Ausdruckszentrum, Empfangs- und Sendestation für geistige Botschaften	Schilddrüse	Hals, Speiseröhre	Mentalkörper
Sechstes	Drittes Auge-Chakra	Ermöglicht die höheren geistigen Fähigkeiten und eine Wahrnehmung jenseits von Raum und Zeit	Hypophyse	Augen, Gehirn, Gesicht	Mentalkörper
Siebtes	Kronen-Chakra	Verbindungsglied zur Spiritualität oder Göttlichkeit des Menschen	Zirbeldrüse	Schädeldecke	Spiritualkörper

Der Ätherkörper wird weiterhin von Energiekanälen durchzogen, die ihn mit kosmischer Lebens- oder Ätherenergie erfüllen und durchwirken. Einige dieser Energiekanäle werden bei der Reiki-Arbeit direkt genutzt und sind deshalb für jeden Reiki-Praktizierenden von größter Bedeutung.

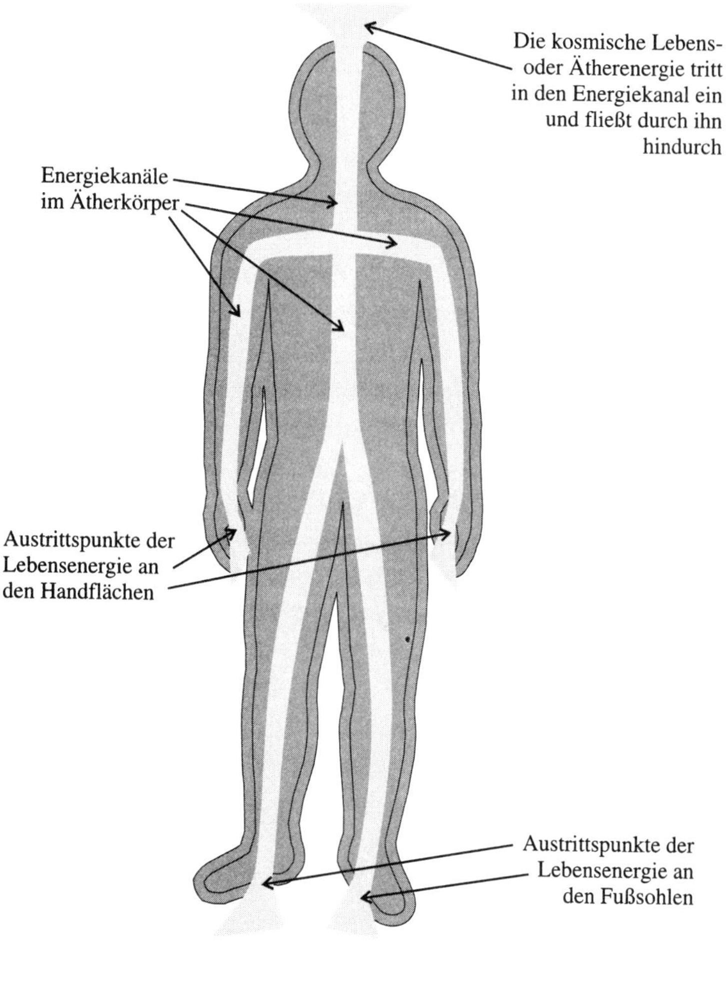

Natürlich gibt es nicht nur die großen Energiebahnen, die auf der vorherigen Abbildung zu sehen sind, sondern noch viele weitere große und kleine Verästelungen und Verzweigungen, die die Ätherenergie im gesamten Organismus des Menschen verteilen.

Der Zustand all dieser Energiekanäle ist vom Gesamtzustand des Menschen abhängig. Hat ein Mensch seine Energie im bisherigen Leben frei fließen lassen, so sind auch die Energiekanäle stark ausgeprägt und ein großes Maß an Vitalität kann durch sie geleitet werden. Einerseits versorgen sie also den gesamten physischen Organismus mit vitaler Lebensenergie, andererseits passen sie sich aber auch der Aufnahmefähigkeit des physischen Gesamtorganismus oder einzelner Teilbereiche an. Sind z.B. bestimmte Körperbereiche über längere Zeit geschwächt, so daß sie weniger Energie aufnehmen können, dann stellen sich die Energiekanäle in diesem Bereich darauf ein, indem sie weniger Energie dorthin leiten, wodurch sie sich unter Umständen sogar verkleinern.

Die Chakren und die höheren Energiekörper des Menschen spielen auch für die Energiekanäle eine entscheidende Rolle. Betrachten wir noch einmal den Gefühlsbereich. Lehnt ein Mensch z.B. ein bestimmtes Gefühl ab, weil er es für schlecht hält, dann kann es nicht mehr frei in ihm fließen, wenn es in unterschiedlichen alltäglichen Lebenssituationen ausgelöst wird. Da der Mensch dieses Gefühl grundsätzlich unterdrückt, kann es seinen Astralkörper nicht mehr ungehindert durchfließen und ihn verlassen. Somit entsteht im Laufe der Zeit ein relativ starrer Bereich von festgehaltener Gefühlsenergie im Astralkörper, der das Solarplexus-Chakra beeinflußt. Die mit diesem Chakra verbundene endokrine Drüse und die entsprechenden Organe werden dadurch nicht mehr mit der höchstmöglichen Ätherenergie versorgt, und sie können, durch die Beeinflussung der festgehaltenen Emotionalenergie, nicht mehr ihr normales Potential an Energie aufnehmen und verarbeiten.

Der Bereich der Energiekanäle, der diesen physischen Abschnitt durchdringt und energetisiert, ist hiervon ebenfalls auf vielfältige Art betroffen. Unter anderem wird der Energiefluß in diesem Abschnitt ständig durch die zu langsame Astral- und Ätherenergie gestört und verlangsamt oder im schlimmsten Fall sogar blockiert.

Dementsprechend werden sich die Energiekanäle mit der Zeit diesem Zustand anpassen und weniger Energie an diesen Bereich liefern und sich im angemessenen Umfang verkleinern. Sie leiten dann natürlich auch weniger Energie an alle nachfolgenden Bereiche weiter. Der Zustand der Energiekanäle wird also durch viele Faktoren im Laufe des Lebens beeinflußt.

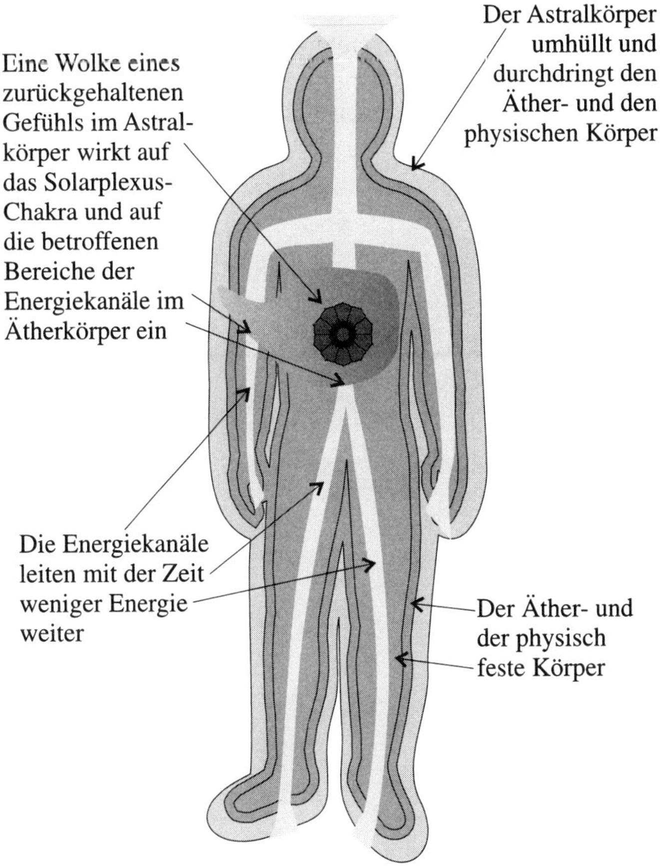

Natürlich wirken auch Gedanken, die im Mentalkörper entstehen, auf die Energiekanäle und damit auf die Gesamtvitalität des physischen Körpers ein. Ich möchte hierfür ebenfalls ein kurzes Beispiel geben. Denkt ein Mensch z.B. negativ über bestimmte Bereiche seines physischen Körpers, weil er diese für nicht schön genug hält, oder weil er sie nicht mag, dann erzeugt er dadurch immer wieder auch die entsprechenden Gefühle, die ihrerseits wiederum störend auf den jeweiligen Körperbereich einwirken. Das hat eine ähnliche Kette an Reaktionen und Auswirkungen, wie im vorherigen Beispiel beschrieben, zur Folge.

Jeder Mensch hat somit unterschiedlich entwickelte und ausgebildete Energiekanäle. Die Spannbreite, beginnend bei einem stabilen und starken bis hin zu einem schwachen oder sogar geschädigten Netzwerk an Energiekanälen, ist sehr groß. Die Möglichkeit an Blockaden und damit zusammenhängenden physischen Krankheiten ist sehr mannigfaltig, da der heutige Mensch sich kaum Zeit nimmt, seine Gefühle oder Gedanken bewußt frei fließen zu lassen oder diese Bereiche zu klären und zu reinigen.

Was kann Reiki dazu beitragen, diesen Zustand zu verbessern? Jeder Mensch hat also ein anderes Energieniveau, wenn er das erste Mal mit Reiki in Kontakt kommt. Bekommt man eine Reiki-Behandlung von einem anderen Menschen, so wirkt dieser als ein Kanal für die kosmische Lebens-, Äther- oder Reiki-Energie, die durch seine Energiebahnen über die Austrittspunkte an den Händen in bestimmte Körperstellen des Empfangenden geleitet wird.

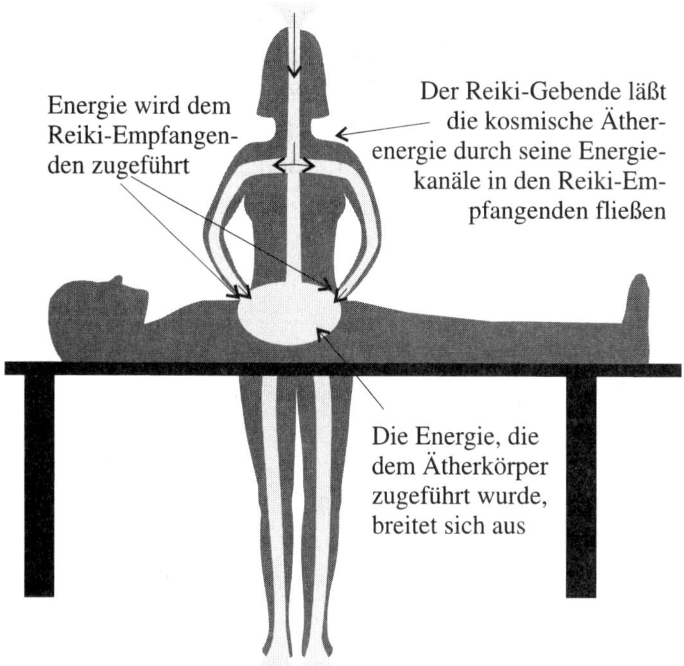

Der Reiki-Empfangende erhält dadurch ein Mehr an hochschwingender Lebensenergie, die die jeweiligen Bereiche sehr schnell durchdringt und ihnen ein größeres Energiepotential zur Verfügung stellt. Dadurch wird ein multidimensionales Geschehen sehr direkt ausgelöst.

Zum einen werden die Körperstellen, auf die die Hände aufgelegt werden, direkt mit Energie versorgt. Darüberhinaus erhält das Chakra, das entweder direkt behandelt wird oder sich in der Nähe der behandelten Körperstelle befindet, mehr Energie, worauf es sofort reagiert. Das Chakra beginnt, stärker zu schwingen und die ihm zugeführte Energie zu transformieren und auszusenden.

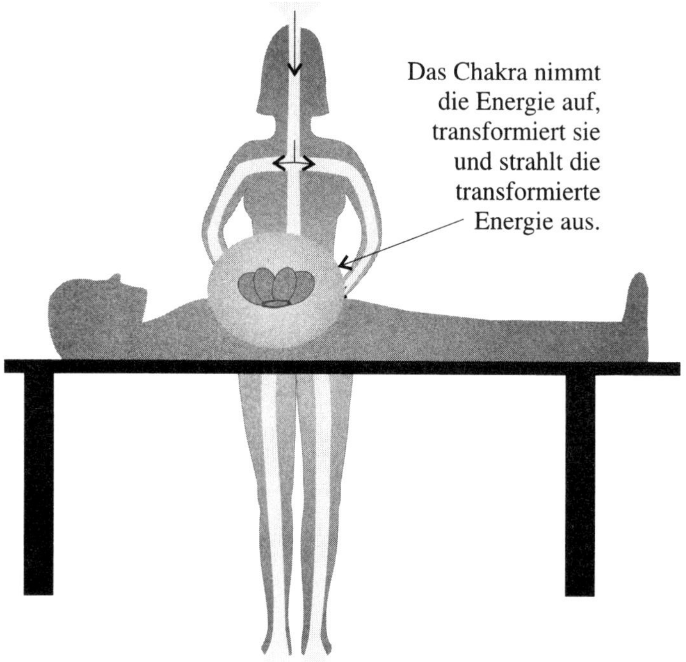

Diese transformierte Ätherenergie wirkt dann ihrerseits wiederum auf alle mit dem Chakra synchron schwingenden, physisch festen Körperorgane und besonders auf die entsprechenden endokrinen Drüsen ein, die daraufhin angeregt werden, Hormone auszuschütten, was verschiedenste Phänomene im Körperorganismus auslöst.

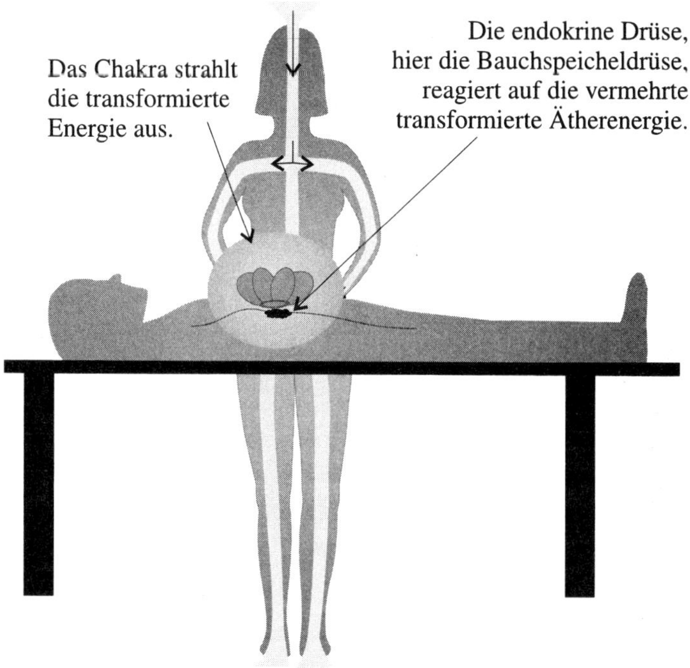

Die kosmische Lebensenergie, die durch den Reiki-Gebenden zu dem -Empfangenden fließt, und die von dem Chakra transformierte Energie bewegen sich sehr schnell, wodurch die Auswirkung einer Behandlung sehr schnell spürbar wird. Auf die hier erläuterte Art und Weise erreicht die zugeführte feinstoffliche kosmische Reiki-Energie über die Chakren und weiter über die endokrinen Drüsen den physisch festen Körperbereich des Menschen.

Zusätzlich findet aber auch noch ein weiteres Geschehen, das mindestens genauso große Bedeutung für die Behandlung hat, statt. Wie schon beschrieben stimuliert und aktiviert die zugeführte Reiki-Energie das betroffene Chakra, das wiederum in Resonanz mit einem höheren Energiekörper des Menschen schwingt. In diesem wird durch die vermehrte Aktivität des Chakras ebenfalls Energie in Bewegung versetzt. So werden durch eine Reiki-Behandlung oftmals direkt Gefühle und Gedanken stimuliert, die der Behandelte wahrnehmen kann. Dieser Vorgang kann unmittelbar, fast blitzartig geschehen, da die Astral- und Mentalenergie sich, wie die Ätherenergie, sehr schnell bewegt.

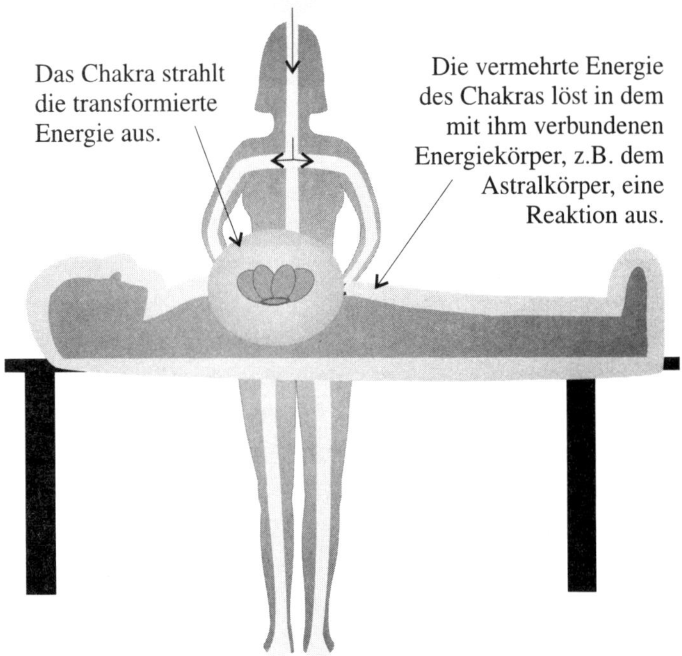

Das Geschehen in einer Reiki-Behandlung ist also sehr vielschichtig und im wahrsten Sinne multidimensional. Der Reiki-Gebende dient hierbei als ein Kanal für die höchste kosmische Lebensenergie. Dabei wird auch sein gesamtes Energiesystem auf mannigfaltige Weise berührt. Die vermehrte Energie, die in den Behandlungen durch ihn strömt, kann z.B. in seinem gesamten Körper und vor allem in den Händen physische Wärme auslösen.

Aber auch in dem Reiki-Empfangenden wird ein vielfältiges Geschehen angeregt. Der Körper erhält ein Mehr an Energie, die ebenfalls oft als eine wohlige Wärme wahrgenommen wird und eine tiefe Entspannung fördert. Chakren werden stimuliert und deren Energie wird über die endokrinen Drüsen direkt in den physischen Körper weitergeleitet. Viele Menschen erfahren dadurch z.B. über das Herz-Chakra das Gefühl der Liebe, das ihnen Ruhe und Geborgenheit vermittelt. Jeder Mensch reagiert entsprechend seinem inneren Zustand anders und manches Mal werden auch Gefühle, wie z.B. Trauer, erfahrbar, die nicht unbedingt von jedem als angenehm empfunden und sofort akzeptiert werden. Für viele Menschen wird aber bereits in den ersten Reiki-Behandlungen sehr deutlich spürbar, wie massiv und wohltuend feinstoffliche Energie wirken kann.

In den weiteren Kapiteln werde ich nun beschreiben, wie man sich schrittweise das gesamte wunderbare Potential von Reiki erschließen kann und was dabei alles zu beachten ist.

Die sieben Grundregeln einer erfolgreichen Reiki-Arbeit

Die Klärung der Motivation

Vor jeder Tat, mag sie noch so spontan sein, steht ein Impuls oder ein Gedanke. Alles, was ihr tut, ist von einer Motivation getrieben, mag diese euch bewußt sein oder nicht. Die Motivation, oder warum ihr etwas tut, entscheidet immer über das Endergebnis eurer Handlungen und Entscheidungen. Wenn ihr euch über das Motiv einer Handlung bewußt seid, dann habt ihr die Möglichkeit, diese positiv zu beeinflussen. Seid ihr euch über eure Motivation nicht bewußt, wird sie euch manchmal Dinge tun lassen, die ihr oberflächlich gesehen gar nicht tun wollt oder sogar ablehnt.

Die Motivation ist wie ein unterirdischer Strom in eurem Sein. Wie gestaltet ihr euer Leben? Seid ihr glücklich oder unglücklich? Meint ihr, daß ihr es wert seid, geliebt zu werden? Glaubt ihr, daß es für euch kein Glück auf dieser Erde zu erfahren gibt, daß ihr es nicht erleben dürft oder daß es euch gar von oberster Stelle versagt wird? Das sind nur einige Beispiele für grundsätzliche Einstellungen, die im großen Ausmaß euer Leben bestimmen und laufend beeinflussen.

Natürlich gibt es auch die an der Oberfläche liegenden, bewußten Motivationen, wie z.B. möglichst viel Geld zu verdienen und bereit zu sein, alles nur mögliche dafür zu tun. Aber was steckt hinter dieser Motivation? Sicherheits- und Schutzbedürfnisse, Ängste, Machtstreben? Hinter jeder offensichtlichen, euch bewußten und leicht erklärbaren Motivation gibt es immer noch eine tieferliegende. In diesem Rahmen hier möchten wir euch anregen, einmal euren offensichtlichen Beweggründen und Motivationen, die euch in eurem Leben antreiben, nachzugehen und tiefer in sie hineinzublicken.

Was verkörpert Reiki für euch? Was erhofft ihr euch von Reiki? Denkt einmal darüber nach, und laßt euch auf diese Fragen ein. Das Nachdenken über eure Motivationen wird euch bewußter machen. Hört nicht gleich bei der ersten Antwort, die in euch hochsteigt, auf, sondern grabt tiefer, fragt weiter nach. Eine Frage wäre z.B.: Wie stark ist eure Motivation, wieviel Kraft hat sie? Viele Menschen haben an einer Reiki-Einführung teilgenommen und gleich wieder aufgehört, Reiki zu praktizieren. Das zeigt im nachhinein, daß ihre Motivation – der erste Schritt hin zu einer Handlung – nicht von starker Energie oder einem intensiven Bedürfnis getragen war.

Laßt euch also einmal darauf ein und forscht nach, was eure Motivation in bezug auf Reiki ist, wie stark sie ist und wieviel Energie sie in sich trägt. Hat sie wenig Energie, werdet ihr nicht weit mit Reiki gehen. Hat sie viel Energie, wird sie euch wie von selbst weit tragen. Reiki steht in euch für ein Bedürfnis und symbolisiert für euch einen bestimmten Sinn.

Jeder Handlung geht eine Motivation voraus, manchmal ist diese intensiv, ein anderes Mal schwach. Alles, was ihr tut, ist geprägt von einer Einstellung. Je bewußter ihr euch darüber seid, um so klarer könnt ihr euer gesamtes Leben gestalten und um so weniger Umwege müßt ihr machen.

In unserer heutigen hektischen Zeit bleibt meist kaum eine Gelegenheit, erst einmal intensiv über die eigenen Beweggründe für eine Handlung nachzudenken. Entscheidungen müssen oft schnell getroffen werden. Der erste Schritt auf einem Weg wird dadurch sehr kurz gehalten oder gar nicht näher betrachtet. Die Wichtigkeit der Motivation ist dabei den wenigsten Menschen bewußt.

In dem vorherigen Kapitel habe ich bereits einen ersten Eindruck in die Funktion und Wirkungsweise der Reiki-Energie vermittelt. Vielleicht ist dadurch deutlich geworden, welche komplexen Möglichkeiten diese Methode beinhaltet. Während meiner Tätigkeit als Reiki-Lehrerin habe ich es immer wieder erlebt, daß die Motivation, mit Reiki zu arbeiten, entscheidend dafür ist, was durch Reiki für einen Praktizierenden geschehen kann.

Ein wichtiger Punkt, der bei der Motivation zu beachten ist, ist die Intensität der Energie, die man für das entsprechende Thema, in diesem Fall Reiki, übrig hat. Je nachdem wie wichtig einem ein Schritt im Leben ist, wird man sich zunächst einmal einen mehr oder weniger umfassenden Eindruck von dem jeweiligen Themengebiet verschaffen, sei es durch Gespräche mit anderen Menschen, durch das Lesen von Büchern oder durch das Hinterfragen der eigenen Wünsche und Hoffnungen. Mit Reiki ist dies nicht anders als mit allen anderen Entscheidungen, die man im Leben trifft. Der eine Mensch wählt sich z.B. seinen Beruf eher zufällig aus, der andere überlegt sich vielleicht intensiv, womit er einen Großteil seiner Lebenszeit verbringen möchte, welche Fähigkeiten er hat, welche er ausbauen möchte und welche Möglichkeiten sich ihm insgesamt dafür bieten.

Natürlich sind die Unterschiede zwischen einer intensiv hinterfragten, möglichst bewußt getroffenen und einer eher oberflächlichen Entscheidung sehr groß. Man kann Reiki z.B. aus Neugier beginnen, ohne sich über tieferliegende Interessen und Bedürfnisse bewußt zu sein oder man kann es erlernen, weil bestimmte Freunde oder Bekannte es praktizieren, ohne genau zu wissen, auf was man sich einläßt. Man kann sich auch in Reiki ausbilden lassen, weil man damit beruflich Geld verdienen möchte, ohne sich umfassend über die Voraussetzungen für diesen Berufswunsch informiert zu haben.

Vielen Menschen konnte Reiki eine tiefgreifende erste Erfahrung mit feinstofflicher Energie vermitteln, weitestgehend unabhängig davon, mit welcher Motivation sie in diese Ausbildung hineingegangen sind. Das alleine ist schon großartig, doch es gehört mehr dazu, Reiki auf Dauer erfolgreich nutzen zu können. Der Erfolg in bezug auf Reiki ist vor allem davon abhängig, in welcher Dimension man ihn sucht.

Häufig vorkommende Motivationen, mit Reiki zu beginnen, sind unter anderem:

- Ich bin neugierig, wie Reiki funktioniert.
- Ich möchte neues Wissen erlangen.
- Ich erlerne eine Methode, um mich mit Freunden und anderen Menschen treffen und austauschen zu können.

- Ich finde einen neuen Beruf und verdiene damit Geld.
- Ich erlerne eine Technik, mit der ich andere Menschen behandeln kann.
- Ich erlerne eine Methode, um mich selbst behandeln zu können, damit es mir wieder besser geht.
- Ich möchte mehr über das feinstoffliche Energiesystem des Menschen lernen und wissen, wie man damit arbeiten kann.
- Ich möchte eine Methode der Energiearbeit erlernen, die meine persönliche Bewußtseinsentwicklung fördert und die es mir erlaubt, meine Fähigkeiten mit anderen zu teilen.
- Ich möchte eine Methode erlernen, die mir hilft, mein Potential und meine Fähigkeiten, die in mir stecken, zu entdecken und auszubilden.

Diese Liste könnte endlos erweitert werden und Reiki kann auch all diese Möglichkeiten beinhalten.

Warum ist dann die Motivation so wichtig? Der Grund ist darin zu finden, daß Reiki in erster Linie eine Methode ist, die vor allem und in massivster Weise den Reiki-Praktizierenden selbst betrifft. Beim Erlernen, Praktizieren und Arbeiten mit Reiki geschieht immer auch etwas mit dem Inneren des Menschen. Reiki ist eine Methode, die direkte Auswirkungen auf jeden Praktizierenden hat. Um dies zu erläutern, möchte ich einige Beispiele anführen, welche Wirkungen bei Menschen mit unterschiedlichen Motivationen ausgelöst werden können.

Beginnt ein Mensch mit Reiki, weil er entweder einfach nur neugierig ist oder von Freunden davon gehört hat, ohne genaueres über diese Methode zu wissen, dann kann es passieren, daß er zwar ein paar interessante erste Erfahrungen macht, aber auch sehr schnell von den vielfältigen Auswirkungen dieser Arbeit überfordert ist. Zu Beginn kann Reiki auch für diesen Menschen ein Geschenk sein. Doch sehr schnell wird er unter Umständen an Grenzen stoßen, da das Reiki-Geben und -Empfangen viele verschiedene Phänomene, Gefühle und Gedanken in ihm und in anderen Menschen, die er behandelt, hervorrufen kann. Das kann und wird oftmals über alles hinausgehen, was er bisher aus seinem normalen Leben kennt, wenn z.B. bestimmte Gefühle in ihm oder bei einem von ihm behandelten Menschen ausgelöst werden, auf die er nicht vorbereitet ist. Die reine Neugier reicht also vielleicht für ein erstes Kennenlernen von Reiki aus, oft aber nicht für eine dauerhafte Arbeit mit dieser Methode.

In einem zweiten Beispiel beginnt ein Mensch mit Reiki, weil er damit vor allem Geld verdienen möchte. Auch dieser Mensch wird schon bei der Ausbildung auf viele Grenzen in sich stoßen, denn seine Hauptmotivation ist der finanzielle Erfolg. Doch was ist mit all den anderen Aspekten und Bereichen, die von der Arbeit mit Reiki betroffen sind? Hierzu möchte ich kurz beschreiben, was bei einer etwas längeren, regelmäßigen Anwendung von Reiki geschieht. Der Reiki-Gebende läßt bei jeder Sitzung, unabhängig davon, ob er sich selbst oder einen anderen Menschen behandelt, die kosmische Ätherenergie in größerem Maße als normalerweise durch seine Energiekanäle fließen. Mit der Zeit weiten und dehnen sich die Energiekanäle dadurch aus und alle Körperbereiche werden generell mit mehr Energie versorgt.

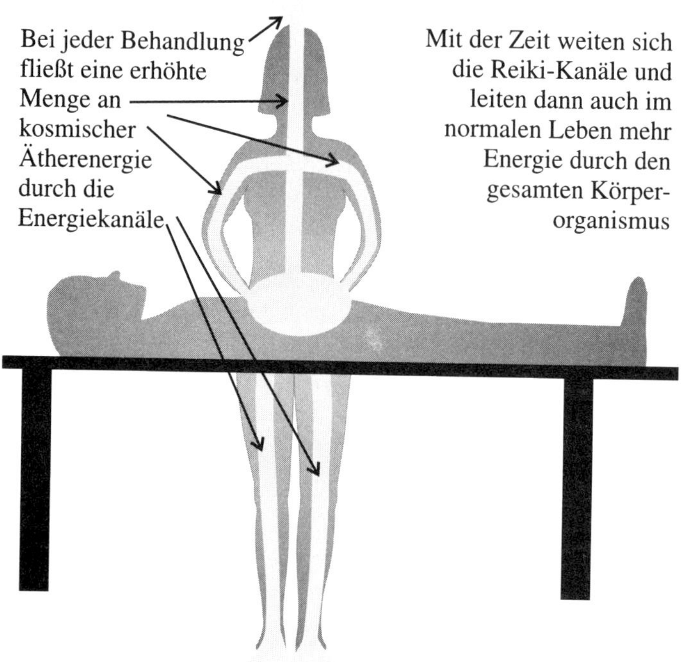

Diese vermehrte Energie gelangt in das gesamte Energiesystem und trifft normalerweise nicht nur auf stabile, harmonische Bereiche, sondern auch auf körperliche Schwachstellen oder Energieblockaden, die der jeweilige Mensch vor Beginn dieser Arbeit in sich trug. War seine Schwachstelle z.B. der Magen und dementsprechend das Solarplexus-Chakra, dann wird auch dieser Bereich die vermehrte Energie aufnehmen, unter Umständen sogar in besonderem Maße.

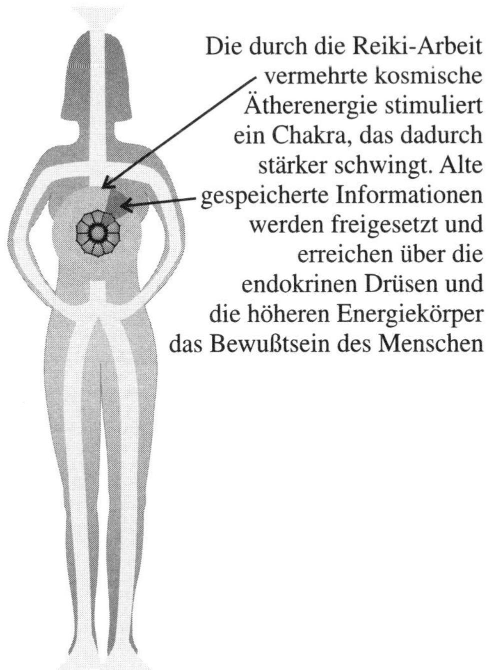

Das kann zur Folge haben, daß sich z.B. sein schon lange gereizter Magen beruhigt oder aber, daß eine intensivierte Heiltätigkeit einsetzt, die ihn die bisherige Schwachstelle zunächst einmal noch deutlicher spüren läßt. Das Solarplexus-Chakra beginnt durch die vermehrte Energie, ebenfalls stärker zu schwingen, was alle dort gelagerten Gefühle in sein Bewußtsein spült, auch diejenigen, die er bisher eventuell unterdrückt hatte.

Ein Mensch, der mit Reiki lediglich etwas Geld verdienen wollte, wird also früher oder später in seiner Arbeit mit eigenen Begrenzungen oder Schwachstellen konfrontiert, die dadurch natürlich auch geheilt oder aufgelöst werden könnten. Nur wird dieser Mensch bereit sein, sich mit seinen Verhaltensmustern auseinanderzusetzen? Das kostet erst einmal Zeit und bringt kein direktes finanzielles Einkommen mit sich. Dieser Mensch wäre in diesem Moment an eine Grenze innerhalb seiner Reiki-Arbeit gestoßen, die mit seiner ursprünglichen Motivation zusammenhängt. Jetzt müßte er sich entscheiden, ob er bereit ist, auf diesen für ihn vielleicht unerwarteten Aspekt von Reiki einzugehen.

Öffnet er sich für sein inneres Geschehen und unterstützt er diesen Bewußtwerdungs- und inneren Heilungsprozeß, dann wird er in Zukunft noch mehr Reiki-Energie durch sich fließen lassen können. Das wird auf Dauer eine sehr positive, stabilisierende Wirkung auf sein gesamtes Energiesystem ausüben. Verweigert er sich, weil dieses Geschehen weit über seine ursprüngliche Motivation hinausgeht oder diese sogar zu stören scheint, dann muß er die alten Gefühle, die in ihm durch Reiki hochsteigen, unterdrücken. Bei allen zukünftigen Behandlungen, kann dann die Reiki-Energie nur noch so weit frei durch ihn fließen, bis sie wiederum die alten Gefühlsmuster anstößt und aktiviert, was auf Dauer für ihn zu einem Problem werden dürfte.

Ich hoffe, daß diese beiden Beispiele verdeutlichen können, wie wichtig die Motivation und die möglichst bewußte Entscheidung für die Arbeit mit Reiki ist, um alle Möglichkeiten, die Reiki bietet, ausnutzen zu können. Je intensiver sich jemand mit seinem Wunsch und mit seinen Beweggründen, Reiki zu erlernen, beschäftigt hat, desto leichter wird er alle Erfahrungsmöglichkeiten dieser Methode durchleben können. Es ist aber nicht nur für jeden Interessierten, der kurz vor der Entscheidung steht, ob er sich in Reiki einweihen lassen will, von Vorteil, sich über die eigene Motivation bewußt zu sein. Jeder Mensch, der bereits Reiki praktiziert oder lehrt, kann ebenfalls jederzeit noch einmal oder immer wieder in sich hineinschauen, um alle Motivationsgründe zu entdecken und um genauer herauszufinden, was er durch Reiki weiterhin lernen und erfahren möchte. Es lohnt sich immer, seinen eigenen Wünschen und Vorstellungen nachzuforschen und deren tiefere Hintergründe zu erkennen.

Eine fundierte Ausbildung

Jede Ausbildung, gleichgültig welcher Art sie auch ist, sollte immer von dem Respekt, der Aufmerksamkeit und sogar von der Liebe des Lehrers für seine Schüler geprägt sein. Diese innere Grundhaltung macht es ihm möglich, mit vielen unterschiedlichen Menschen zusammenzuarbeiten, und sie läßt ihn die Qualitäten jedes einzelnen Schülers erkennen. Dann kann ein Lehrer auf die Fragen seiner Schüler eingehen, und er kann sie speziell für jeden einzelnen beantworten. Ein Lehrer, der solch eine Einstellung in sich trägt, wird das Bedürfnis haben, die bestmögliche Ausbildung anzubieten. Er wird laufend versuchen, sein Wissen zu vergrößern und zu verbessern, um seinen Schülern das Lernen einerseits möglichst leichtzumachen und um ihnen andererseits trotzdem einen umfassenden Überblick über das Wissensgebiet zu verschaffen. Dann ist die Ausbildung geprägt von der fachlichen Kompetenz und der inneren Größe des

Lehrers. Ausschlaggebend hierfür war aber seine innere, grundlegende Haltung und sein Bedürfnis, das bestmögliche für seine Schüler tun zu wollen.

Ein Lehrer sollte sich immer darüber bewußt sein, daß er einen dienenden Beruf hat – er dient seinen Schülern, indem er ihnen zu Wissen und Stärke verhilft.

Für jede Ausbildung ist es somit wichtig, den geeigneten Lehrer zu suchen, der fähig ist, beide Bereiche – Wissen und innere Stärke – zu tragen und zu erfüllen. Die Ausbildung ist immer die Basis für jedes weitere Lernen und für jede weitere Entwicklung. Wenn die Ausbildung nicht stimmt oder ungenügend ist, wird sich der Schüler vorkommen, als ob er im Dunkeln tappt, und alle seine Fragen werden unbeantwortet bleiben.

Der erste Schritt nach der Klärung der Motivation ist also, sich einen geeigneten Reiki-Lehrer zu suchen, der all diese angesprochenen Qualitäten erfüllt. Laßt euch Zeit dabei und überstürzt nichts! Die Suche ist immer ein wichtiger Teil des Gesamtweges. Seht sie bereits als den Beginn eurer Ausbildung an. Sucht nicht nach der bequemsten Lösung, sondern nach der richtigen! Je klarer die Energie zwischen Lehrer und Schüler fließen kann, um so leichter kann auch die Übermittlung des Wissens und des Lernens stattfinden.

In der heutigen Zeit macht ihr die meisten Dinge viel zu schnell und unbedacht. Vergegenwärtigt euch, was Reiki wirklich ist – eine Methode, um sich selbst näherzukommen und um sich selbst zu heilen. Es ist keine Ausbildung wie etwa das Erlernen eines Computerprogramms, sondern sie hat mit euch, mit eurem Inneren zu tun. Deswegen sucht euch eine Person als Lehrer, der ihr vertrauen könnt und die euch kompetent erscheint.

Denkt daran, diese Suche ist bereits ein erster Teil des Weges!

Das Wissen über Reiki, das zu uns in den Westen gelangt ist, beinhaltete leider nur die grundlegendsten Dinge, Regeln und Abläufe, wie z.B. die Handpositionen während einer Reiki-Übertragung oder den Vorgang der Einweihungen. Daneben blieb viel Raum für Spekulationen über die Reiki-Energie und ihre Wirkung, denn ein ausführliches Hintergrund- oder Basiswissen fehlte. Daraus hat es sich im Laufe der Jahre ergeben, daß die angebotenen Ausbildungen der vielen Reiki-Lehrer im Inhalt, in der Dauer und auch im Preis sehr unterschiedlich sind. Es gibt somit keine einheitlichen Richtlinien für eine Reiki-Ausbildung.

Das war Anfang 1986, als ich den ersten Reiki-Grad machte, noch etwas anders, denn die meisten praktizierenden Reiki-Lehrer in Deutschland waren direkt von Phyllis Lei Furumoto eingeweiht worden, gehörten der Reiki-Alliance an und hatten ihre relativ einheitlichen Standards und Abläufe für die verschiedenen Seminare. Ich habe das Glück gehabt, daß ich zwei Reiki-Lehrer im Laufe meiner Ausbildung getroffen habe, die ihre Aufgabe ernst genommen und das vorhandene Wissen sorgfältig weitergegeben haben. Eigentlich könnte man meinen, daß das eine selbstverständliche Sache ist, aber leider zeigt die heutige Praxis, daß das nicht immer der Fall ist. Es werden Reiki-Seminare angeboten, in denen der erste und der zweite Grad jeweils an einem Nachmittag und der Reiki-Lehrer an einem Tag übermittelt wird. In diesen wenigen Stunden ist nicht genügend Platz für eine sorgfältige und ausführliche Einführung in die jeweiligen Grade und dem Schüler bleibt dabei zuwenig Zeit zum Verarbeiten der aufgenommenen Energie.

In diesem Kapitel möchte ich aufzeigen, was die verschiedenen Ausbildungen beinhalten sollten, damit Reiki einerseits verstanden und andererseits direkt erfahrbar wird. Dies kann eine Hilfe und ein Wegweiser für Menschen sein, die nach einer geeigneten Reiki-Ausbildung suchen, aber es kann vielleicht auch eine Inspiration für manche bereits praktizierende Reiki-Lehrer sein.

Die folgenden Inhalte der einzelnen Reiki-Grade entsprechen größtenteils dem, was ich 1986, 1987 und 1991 von meinen zwei damaligen Reiki-Lehrern gelernt und übermittelt bekommen habe. Ich schätze diese Inhalte und Anwendungen nach wie vor, und ich erhalte sie in ihren Ursprüngen, was bedeutet, daß ich sie nicht verändert habe. Diesem Grundstock an Wissen habe ich mein erworbenes Verständnis über die Zusammenhänge im feinstofflichen Energiesystem des Menschen und über die Reiki-Energie hinzugefügt. Im Laufe der Jahre gestaltete ich lediglich die Ausbildung zum Reiki-Lehrer völlig neu, weil sie mir zu kurz erschien und die emotionale und mentale Entwicklung vernachlässigt wurde.

Inhalt des ersten Reiki-Grades

Für die meisten Menschen, die sich zu dem ersten Grad von Reiki anmelden, ist dieses Wissens- und Erfahrungsgebiet völlig neu. Fast alle Teilnehmer haben sich noch nie mit Energiearbeit, mit den Chakren oder den Energiekörpern beschäftigt und wissen somit nichts Näheres darüber. Deswegen sollten den Teilnehmern in diesem Seminar, das in der Regel zwei Tage dauert, zunächst auf einfache Art und Weise folgende Inhalte nahegebracht werden:

- Wie der Körper des Menschen beständig von Lebens- oder Ätherenergie durchströmt wird und wie diese Energie auch die emotionale, mentale und spirituelle Ebene erreicht und beeinflußt und dort Heilungsprozesse auslöst.
- Wie man durch Reiki den Energiekanal, den jeder Mensch in sich trägt, einsetzt und wie man Energie bewußt durch sich fließen lassen kann, wodurch man zu einer Art Übermittler für diese Energie wird.
- Wie dieser Energiekanal und der Energiefluß durch die Einweihungen angeregt und aktiviert wird.
- Welche innere Haltung des Gebenden und des Empfangenden bei einer Reiki-Übermittlung hilfreich und unterstützend ist.

Neben all diesen Erklärungen werden natürlich auch die grundsätzlichen Dinge, die vor und bei einer Reiki-Behandlung wichtig sind, wie z.B. Hände waschen, Ringe und Uhren abnehmen, mitgeteilt. Das Zeigen und Üben der Handpositionen bei einer Körperbehandlung an sich selbst und an anderen ist ein zentraler Hauptpunkt jedes Seminars. Es ist wichtig, daß jeder Teilnehmer erfährt, wie es sich anfühlt, sich selbst oder einem anderen Menschen Reiki zu geben, denn er bekommt dadurch eine gewisse Anfangssicherheit, Reiki auch zu Hause weiter zu praktizieren und zu üben.

Bis hierher würde sich dieses Seminar nicht sehr von anderen, in denen man etwas Neues erlernt, unterscheiden. Den großen Unterschied bringen die vier Reiki-Einweihungen, die jeder Teilnehmer erhält und die über die zwei Seminartage, jeweils eine Einweihung morgens und nachmittags, verteilt werden. Die Teilnehmer geben somit nicht nur sich selbst und anderen Menschen Reiki, sondern sie bekommen auch noch die Reiki-Einweihungen, in denen sehr viel zusätzliche Energie in ihr System einfließt. Das bewirkt in jedem Teilnehmer unterschiedliche Reaktionen. Die einen sind abends nach dem Seminar müde und erschöpft, die anderen sind voller Energie. Diese verschiedenartigen Reaktionen sind völlig normal, da jeder Mensch ein Mehr an Energie anders verarbeiten und verkraften kann.

Die Zeremonie der Einweihungen ist ein meditativer Akt, der dem Reiki-Lehrer ein hohes Maß an Konzentration abverlangt. Er muß in diesen Momenten ein besonders klarer Kanal für die Reiki-Energie sein, was von ihm Aufmerksamkeit und Bewußtheit erfordert. Die unmittelbaren Reaktionen der einzelnen Teilnehmer auf die Einweihungen sind wiederum sehr verschieden, aber in allen wird Stille und ein Hineinhorchen in sich selbst ausgelöst. Nach den Einweihungen ist die Stimmung immer auf wundersame Art verändert, was für mich als Reiki-Lehrerin jedesmal aufs Neue beeindruckend und sehr schön ist.

Das Reiki-Seminar des ersten Grades enthält also viele wichtige Informationen und Dinge, die zu vermitteln und zu üben sind. Zwei Seminartage sind hierfür fast ein Mindestmaß. Man könnte auch ohne Probleme eine Woche gemeinsam lernen, praktizieren und erste Erfahrungen sammeln und austauschen und die Einweihungen über diesen Zeitraum verteilen.

Jeder der erwähnten Inhaltspunkte ist von Bedeutung und keiner sollte ausgelassen werden. Ebenfalls ist es wichtig, daß die vier Einweihungen über die zwei Seminartage verteilt werden, damit die Energie von den Teilnehmern verarbeitet und aufgenommen werden kann.

Dieses Seminar sollte immer eine Anregung für die Teilnehmer sein, zunächst einmal sich selbst, so regelmäßig wie es nur möglich ist, Reiki zu geben, um dadurch direkt die positive Wirkung sozusagen am eigenen Leibe zu erfahren. Die Selbstbehandlung wird jedem Reiki-Anfänger eine gewisse Sicherheit und ein Fundament an Erfahrungen geben, auf das er aufbauen kann, wenn er später anderen Reiki gibt.

Jedes Seminar ist zunächst immer nur ein Anstoß oder eine Anregung, und jeder Teilnehmer, der sich davon inspiriert fühlt, wird voller Begeisterung nach Hause gehen und beginnen, freudig mit Reiki zu experimentieren.

Inhalt des zweiten Reiki-Grades

Der zweite Grad geht weit über die körperliche Ebene hinaus und spricht hauptsächlich den mentalen Bereich an. Deswegen ist es wichtig, zunächst genügend eigene Erfahrungen mit dem ersten Grad von Reiki gewonnen zu haben und sich auf diesem Gebiet sicher zu fühlen. Früher galt die Meinung oder Regel, daß mindestens drei Monate seit der Teilnahme am ersten Grad verstrichen sein sollten, bevor man mit dem zweiten Grad weitermacht.

Grundsätzlich sollte man sich mit Reiki wohlfühlen und ein Interesse daran haben, tiefer in diese Methode oder in diesen Weg einzutauchen, wenn man den zweiten Reiki-Grad machen möchte. Oft habe ich von Reiki-Praktizierenden gehört, daß sie am zweiten Grad teilgenommen haben, weil ihnen gesagt wurde, daß sie dadurch mehr „Power“ bekommen würden. Das ist meiner Meinung nach keine ideale Einstellung oder Voraussetzung und entspricht auch nicht den Tatsachen, denn die Teilnahme an diesem Seminar garantiert noch nicht, daß man das Erlernte im täglichen Leben tatsächlich umsetzen kann, und die Einweihungen machen einen nicht zu einem anderen Menschen, sondern bringen etwas in Bewegung, das man dann selbst weiterentwickeln muß. Wenn man mit dieser „Power"-Einstellung das Seminar absolviert, wird man früher oder später enttäuscht sein, weil sich das Versprochene nicht bewahrheitet. Wer aber bereit ist, Neues zu lernen, auf sich wirken zu lassen und auszuprobieren, dem eröffnet sich eine völlig neue Welt.

Meistens sind die Seminarteilnehmer nicht mehr so aufgeregt wie beim ersten Grad, da sie bereits mit der Reiki-Energie vertraut sind und sie über deren feinstoffliche Wirkung bei einer Behandlung Bescheid wissen. Auf dieser Basis kann die Ausbildung aufbauen.

Ein zentrales Thema des zweiten Grades sind die Reiki-Symbole. Es beinhaltet mehrere Einzelpunkte, wie z.B.:

- Erklärungen darüber, was Symbole generell sind; wie sie wirken und wie man sie sich erschließen kann.
- Die Übermittlung, das Erklären und das Erlernen der drei ersten Reiki-Symbole.
- Die Erfahrbarmachung der Reiki-Symbole durch kurze Meditationen.
- Die Anwendungs- und Wirkungsweise der verschiedenen Reiki-Symbole und wie man sie im täglichen Leben einsetzen kann.

Das Umgehen und Arbeiten mit Symbolen ist größtenteils für alle Teilnehmer etwas völlig Unbekanntes, und es wird Zeit brauchen, bis diese ihnen vertraut sind und sie deren Wirkung unmittelbar spüren können. Es ist jedoch möglich, sich die Symbole schrittweise zu erschließen. Dies geht am leichtesten, wenn man mit ihnen über einen Zeitraum hinweg regelmäßig meditiert. Wie man dies tun kann, werde ich im nächsten Kapitel näher darlegen.

Ein weiterer Punkt des zweiten Reiki-Grades ist das Erlernen der Mental- oder, wie sie früher genannt wurde, der Geistbehandlung. Voller Erstaunen stelle ich immer wieder fest, daß viele Reiki-Praktizierende diese Methode nicht kennen und darunter lediglich das Einfließen der Symbole während einer Körperbehandlung verstehen. Die Mentalbehandlung ist aber ein festgelegter Vorgang, der einem hilft, ganz bestimmte Bereiche mit Reiki zu behandeln und zu unterstützen. Durch sie kann man körperliche, emotionale, mentale oder auch spirituelle Ebenen gezielt erreichen und auf sie positiv einwirken. Dies geschieht innerhalb des Vorgangs der Mentalbehandlung unter Zuhilfenahme zweier Reiki-Symbole und einer Affirmation, die man vor der Behandlung festgelegt hat. Es ist hierbei vor allem wichtig, daß die Teilnehmer lernen, wie man Affirmationen erfolgreich einsetzt, damit diese im Energiesystem des Menschen Zustimmung und Unterstützung finden. Findet man für sich selbst nicht die passende oder stimmige Affirmation, wird sich keine wirkliche oder nicht die gewünschte positive Veränderung einstellen. Deswegen gehört zum Punkt der Mentalbehandlung:

- Wie man den Bereich, den man positiv unterstützen oder verändern will, leicht erkennt; wie man herausfindet, ob man auf körperlicher, emotionaler, mentaler oder spiritueller Ebene eine Blockade oder eine Spannung hat und was dabei hilft, diese zu lösen.
- Wie man den Zustand, den man herstellen möchte, in einer Affirmation ausdrücken kann und was dabei beachtet werden sollte.

- Das Erlernen des Vorgangs der Mentalbehandlung; welche Symbole dabei angewendet werden; das Praktizieren an sich selbst und an einer anderen Person.

Durch diese Methode bekommt der Reiki-Schüler ein effektives Werkzeug an die Hand, das ihm hilft, bewußter über sich selbst zu werden und das ihn dazu befähigt, eventuelle Probleme direkt anzugehen und aufzulösen. Wie schon beim ersten Grad lernt der Reiki-Praktizierende, was er für sein Gesamtwohlbefinden tun kann, wodurch er im Grunde unabhängig von anderen wird.

Der nächste wichtige Bestandteil des zweiten Grades ist das Erlernen der Fernbehandlungen. Er beinhaltet:

- Erklärung darüber, wie eine Fernbehandlung wirkt und was dabei vor sich geht, z.B. wie es möglich ist, Energie über eine räumliche Entfernung hinweg zu einem anderen Menschen zu senden.
- Was bei dieser Anwendung zu beachten und immer einzuhalten ist.
- Das Erlernen des genauen Vorgangs der Fernbehandlungen; welche Symbole dabei angewendet werden und das Üben dieser Methode.

Der gesamte vorgestellte Lernstoff stellt gewisse geistige Anforderungen an die Teilnehmer des zweiten Reiki-Grades und kann keinesfalls an einem Nachmittag absolviert werden. Hierfür sind mindestens zwei Tage notwendig, unabhängig davon, wie schnell man alle Themen abhandelt. Ich habe mit verschiedenen Varianten experimentiert und mich darauf eingependelt, das Seminar von Freitag bis Sonntag Nachmittag abzuhalten. Dadurch kann der Lernstoff auf drei

Tage verteilt werden, und die Teilnehmer haben mehr Zeit für das innere Verarbeiten.

In diesem Seminar wird eine sehr intensive Einweihung vorgenommen, die der Reiki-Lehrer, wenn er möchte, noch einmal wiederholen kann. Die Teilnehmer bekommen somit durch die Einweihung, die Symbole und die verschiedenen Anwendungen wieder ein sehr hohes Maß an Energie zugeführt, das von ihnen integriert werden muß. Außerdem werden sie mit einer Ebene des Seins – der rein mentalen Ebene – bekannt und vertraut gemacht, und sie lernen, wie sie mit ihr verantwortungs- und respektvoll arbeiten und umgehen können.

In der Ausbildung zum zweiten Reiki-Grad wird der Reiki-Schüler mit vielen mentalen Übungen konfrontiert, die oftmals erst durch regelmäßiges Training richtig ausgenutzt werden können. Für das potentielle Lernspektrum dieses Reiki-Grades gilt, vielleicht in einem noch umfassenderen Maße als beim ersten Reiki-Grad, daß die Arbeit mit den Symbolen und ihren vielfältigen Anwendungsmöglichkeiten und die Schulung der mentalen Grundvoraussetzungen über einen viel größeren Zeitraum als zwei bis drei Tage unter der Begleitung eines erfahrenen Reiki-Lehrers trainiert und ausgebildet werden könnten.

Ich kann mir z.B. für solch eine Ausbildung den Zeitraum eines halben Jahres vorstellen, der mit einer intensiven Wochenendausbildung beginnt und mit ein- bis zweitägigen Treffen in einem Abstand von vier Wochen fortgesetzt wird. So könnten die Teilnehmer jeden einzelnen Schritt in Ruhe kennenlernen, ihn ausprobieren, sich mit anderen Teilnehmern austauschen und sich von ihrem Reiki-Lehrer bei Fragen oder Problemen beraten lassen. Die Tiefe und Intensität einer solchen Ausbildung wäre sicherlich weitreichend und die geistigen Fähigkeiten jedes einzelnen Teilnehmers könnten in dieser Zeit intensiv trainiert werden, so daß danach eine kontinuierliche Arbeit leicht und ohne Verwirrungen stattfinden könnte.

Inhalt des dritten Reiki-Grades oder der Ausbildung zum Reiki-Lehrer

Der dritte Grad war ursprünglich die Ausbildung zum Reiki-Meister, die die Übermittlung des vierten Reiki-Symbols und der Abläufe aller Einweihungen beinhaltete. In den letzten Jahren hat es sich eingebürgert, daß das vierte Symbol auch an Reiki-Praktizierende, die keine Lehrer werden wollten, weitergegeben wurde. Da man das vierte Symbol auch das Meister-Symbol nennt, wurden diese Menschen oft Reiki-Meister genannt, was schon oft für Verwirrung gesorgt hat. Ein Mensch, der beides, also das Symbol und die Einweihungen übermittelt bekommen hat und andere Menschen in Reiki einführt und einweiht, wird Reiki-Meister/Lehrer oder nur Reiki-Lehrer genannt.

Vor allem in der Ausbildung zum Reiki-Lehrer zeigen sich sehr große Unterschiede im Inhalt, in der Dauer und im Preis. Es gibt leider Ausbildungen, die diesem Namen nicht entsprechen, da sie nur an einem Nachmittag oder ohne direkte Begegnung von Lehrer und Schüler stattfinden. Den Verrücktheiten scheinen in dieser Richtung keine Grenzen gesetzt zu sein. Da es so viele dubiose Angebote für alle Reiki-Grade gibt, hat das Ansehen von Reiki insgesamt leider sehr stark gelitten. Diese „Ausbildungen“ werden aber nie von Erfolg gekrönt sein, in dem Sinne, daß man durch sie ein tiefes Verständnis über Reiki erlangt. Reiki ist in diesen

Fällen für den Reiki-Lehrer wie auch für den Reiki-Schüler meist nur ein Mittel für einen ganz bestimmten Zweck.

Die Lehrerausbildung beinhaltete, da es sehr wenig grundsätzliche Basisinformation über Reiki gab, früher oftmals, daß der Schüler den Lehrer eine Zeitlang bei seinen Seminaren begleitete, bevor er in das vierte Symbol eingeweiht wurde und die Einweihungen an ihn übergeben wurden. Diese Ausbildung gewährleistete in gewisser Weise, daß der Schüler Sicherheit im Stoff und Inhalt des ersten und zweiten Grades und im Umgang mit Menschen erwerben konnte. Oder aber der Reiki-Lehrer entschied frei und ohne eine lange und regelmäßige Begleitung bei den Seminaren, ob und wann sein Schüler reif und fähig war, ein Lehrer zu werden. Heutzutage ist die Art der Ausbildung sehr unterschiedlich, und jeder Lehrer kann und muß sich seine eigenen Richtlinien erschaffen.

Im Laufe meiner Tätigkeit als Reiki-Lehrerin habe ich ein Konzept erarbeitet, das die Voraussetzungen dafür schaffen soll, als ein gut ausgebildeter Reiki-Lehrer arbeiten zu können. Diese Ausbildung beinhaltet in der hier vorgestellten Reihenfolge:

- Eine grundlegende und ausführliche Wissensvermittlung über das gesamte feinstoffliche Energiesystem des Menschen, da der Reiki-Lehrer ein Verständnis über die Vorgänge bei den Reiki-Behandlungen haben sollte.
- Die Umsetzung und Erfahrbarmachung dieses Wissens durch regelmäßige Übungen und Meditationen, die der Schüler zu Hause praktiziert. Die Erfahrungen, die er in diesen Meditationen sammelt, werden im Abstand von einigen Wochen regelmäßig besprochen, wodurch eine

direkte Anleitung bei diesen Bewußtseinsprozessen stattfindet.
Die Übungen ermöglichen einerseits, daß sich der Schüler selbst besser kennenlernt und bewußter über sich wird und andererseits, daß er sich für feinstoffliche, energetische Zusammenhänge im physischen Körper, in den Emotionen, im Geist und in der Seele sensibilisiert.
Dieser Abschnitt ist ein sehr starker innerer Klärungs-, Reinigungs- und Lernprozeß, der ein halbes bis ein dreiviertel Jahr dauern kann. Er ist im Grunde der wichtigste Teil, denn er soll den zukünftigen Lehrer innerlich stärken und auf seine Arbeit mit Menschen vorbereiten.
Nur ein in sich gefestigter Mensch wird andere anleiten und führen können. Gerade bei den Reiki-Seminaren oder -Behandlungen vertrauen Menschen dem Reiki-Lehrer ihre Sorgen an und bitten ihn um Rat. Diesen wird er ihnen erst geben können, wenn er selbst eine gewisse innere Reife und Entwicklung erreicht hat.

- Erklärungen über die Vorgänge im menschlichen Energiesystem bei allen Reiki-Behandlungen als Hintergrundwissen für den Reiki-Lehrer.
- Das Auseinandersetzen und regelmäßige Meditieren mit den ersten drei Reiki-Symbolen, damit der zukünftige Lehrer diese tiefer verstehen und erfahren kann.
- Die Teilnahme und Begleitung an den verschiedenen Seminaren mit anschließendem Aufarbeiten der Geschehnisse und Prozesse, die dabei stattgefunden haben.
- Die gesamte Gestaltung und Organisation der verschiedenen Reiki-Seminare, wie z.B. Inhalte, Werbung, Kosten und Preise.

- Einweihung in das vierte Symbol und Meditationen mit diesem; Einführung in sein Wirkungs- und Anwendungsspektrum.
- Übermittlung, Erlernen und Praktizieren der Einweihungen der verschiedenen Reiki-Grade.

Damit ist die Ausbildung zum Reiki-Lehrer nach circa einem Jahr beendet, wobei der Reiki-Lehrer seinem ehemaligen Schüler, der nun auch Lehrer ist, weiterhin für Fragen zur Verfügung stehen sollte. Bevor man sich zu dieser Ausbildung entschließt und mit ihr beginnt, müssen sich beide Beteiligten – Lehrer und Schüler – solch eine intensive Zusammenarbeit vorstellen können und Vertrauen zueinander haben.

Die Transformation vom Reiki-Lehrer zum wirklichen Reiki-Meister muß jedoch jeder selbst vollziehen, denn das ist abhängig von der weiteren Bewußtseinsentwicklung und von der Bereitschaft, das eigene Potential mit Hilfe von Reiki vollkommen zu entfalten.

Reiki verstehen lernen

Nach der Ausbildung beginnt die Zeit des Übens und des Praktizierens. Ihr habt euch auf einen bestimmten Weg gemacht und nun müßt ihr euch auf diesem Terrain erproben und ertesten. Wir empfehlen euch, daß ihr zunächst einmal das Gelernte an euch selbst ausprobiert. Macht so viele Erfahrungen, wie es euch nur möglich ist. Gebt euch so viel Reiki, wie es euer Zeitplan erlaubt.

Erfahrungen mit Reiki können nur durch das Praktizieren erlangt werden. Wenn ihr dies nicht tut, könnt ihr keine Erfahrungen sammeln und Reiki auch nicht verstehen lernen. Verstehen findet grundsätzlich nicht nur im Kopf, sondern im gesamten System statt – in eurem Körper, in euren Gefühlen, in eurem Geist und in eurer Seele. In alle vier Bereiche gelangt die Reiki-Energie hinein, und sie alle werden dadurch von ihr verändert.

Aber zunächst einmal müßt ihr euch mit der Reiki-Energie vertraut machen und erspüren, wie sie fließt und strömt. Dieses Vertrautmachen braucht Zeit und eure Hinwendung in Form von Praktizieren. Wenn ihr euch selbst Reiki gebt und Erfahrungen auf diesem Gebiet sammelt, dann schafft ihr euch ein Fundament und ein Reservoir an Erfahrungen, auf das ihr bauen könnt, wenn ihr beginnt, anderen Menschen Behandlungen zu geben.

Reiki ist eine meditative Methode der Energieübermittlung und etwas sehr Seltenes in der heutigen Zeit. Reiki ist immer mit Stille und Nichttun verbunden und schafft einen Pol zu all der Hektik und dem Lärm, der in eurem modernen Leben herrscht. Wer gönnt sich schon die Zeit, sich selbst in Stille zu begegnen? Wer kann schon still sein? Wann begegnen sich Menschen gegenseitig in Stille? Immer muß geredet, gearbeitet oder gemacht werden. Immer muß Bewegung sein, und fast niemand hält es aus, wenn es ruhig ist.

Deswegen ist Reiki für viele Menschen eine Herausforderung, denn sie müssen dabei erst wieder lernen, still sein zu können. Doch die größte Herausforderung von Reiki für den heutigen Menschen ist die, daß er etwas tut oder sich für etwas zur Verfügung stellt, ohne selbst aktiv etwas zu tun! Vergegenwärtigt euch immer wieder beim Praktizieren von Reiki, daß ihr euch „nur" für die kosmische Energie zur Verfügung stellt. Vergegenwärtigt euch beim Praktizieren von Reiki, daß ihr euch für etwas Höheres, etwas Reines als Kanal zur Verfügung stellt. Ihr tut etwas, ohne selbst etwas zu tun.

Das klingt nach einem Paradox, aber es ist doch keines, denn der Reiki-Praktizierende fungiert im Grunde als ein Medium für die kosmische Energie. Im Laufe seiner Entwicklung als Reiki-Lernender kann er sich immer mehr von dieser Energie führen und leiten lassen. Dann kann die kosmische Energie durch ihn agieren, ohne daß er oder sein Ego etwas macht. Diesen Prozeß kann man Tun im Nichttun nennen!

Das soll aber nicht bedeuten oder heißen, daß der Reiki-Praktizierende keine Verantwortung hat, oder daß er diese abgeben kann. Wenn wir davon ausgehen, daß der Reiki-Praktizierende ein Kanal für die kosmische Lebensenergie ist, dann liegt es in seinem Verantwortungsbereich, sich für diese Energie möglichst rein und sauber zu halten. Das beinhaltet vieles! Gebt z.B. nie einer Person Reiki, wenn ihr emotional sehr aufgewühlt seid und zwar weder in die eine noch in die andere Richtung, indem ihr euphorisch über oder böse auf diese Person seid. Versucht, euch vor jeder Behandlung zu sammeln und euch auf die Grundhaltung bei Reiki – ein Kanal zu sein – einzustellen und zu fokussieren.

Die Verantwortung des Reiki-Praktizierenden liegt in seiner inneren Klarheit und Ausgerichtetheit. Niemand kann die Verantwortung, die jeder Mensch für sich selbst hat, verneinen oder an etwas oder an jemand anderen abgeben. Ihr werdet euer Leben lang Verantwortung für euch und euer Tun tragen müssen.

Diese zwei Hauptaspekte von Reiki – die Begegnung in Stille und das Tun im Nichttun – sind eine große Hilfe und Bereicherung und auch eine Sehnsucht des heutigen Menschen, trotz der Herausforderung, die sie für ihn darstellen. Etwas kann euch Angst machen und trotzdem sehnt ihr euch danach. Ist das nicht so? Die Begegnung in Stille bringt euch wieder den Respekt zurück, den ihr im gegenseitigen Zusammensein voreinander verliert, wenn ihr laufend redet und erzählt, ohne auf euer Gegenüber zu achten. Das Tun im Nichttun öffnet euer Bewußtsein dafür, von einer höheren Energie getragen zu werden. Beide Erfahrungen bringen oder geben euch eine tiefe Entspannung, die sich mit der Zeit auch in eurem täglichen Leben auswirken kann.

Die Reiki-Körperbehandlungen scheinen auf den ersten Blick eine sehr einfache Sache zu sein, die man vielleicht auch einmal schnell nebenbei machen könnte. Aber das raten wir euch nicht, denn ihr verliert dadurch völlig den Blick dafür, was währenddessen geschieht und wie wertvoll und wichtig sie sein können. Jede Art der Reiki-Behandlung ist ein Symbol für die Hinwendung an euch selbst und an euer Inneres, wobei es gleichgültig ist, ob ihr Reiki gebt oder nehmt. Das müßt ihr jedoch erst erfahren und verstehen lernen, was nur geschehen kann, wenn ihr euch auf Reiki einlaßt und dann später auch auf euch selbst.

Stille ist ein wertvolles Gut im Krach und Lärm der heutigen Zeit. Tun, ohne daß das eigene Ego dabei der Hauptakteur ist, ist in eurem Arbeits- und Geschäftsleben nicht denkbar. Gewährt euch deshalb eine Auszeit und schafft einen Gegenpol hierzu.

Viele Menschen beginnen mit Reiki und hören dann schnell wieder auf. Es erscheint ihnen als zu langweilig, oder sie meinen, daß dabei in ihnen nichts passiert. Nur wer sich auf Stille einlassen kann, wird auch ihre Wohltat spüren und in den Genuß ihrer Entspannung kommen können. Nur wer die Stille liebt, wird auf Dauer auch Reiki lieben und praktizieren.

Es ist wichtig, daß ihr erkennt, welche wertvollen Qualitäten Reiki transportiert und in euer Leben bringt, denn dann könnt ihr Reiki mehr und mehr schätzen und als einen Teil in euer Leben integrieren, der einen ruhigen Pol zur äußeren Welt schafft.

Direkt nach den verschiedenen Reiki-Seminaren oder-Ausbildungen gibt es viel Neues auszuprobieren und zu erkunden: nach dem ersten Grad die Körperbehandlungen; nach dem zweiten Grad die Symbole und die unterschiedlichen Anwendungen, die durch sie möglich werden; nach dem dritten Grad das Vertrautwerden mit dem Meistersymbol und das Finden des eigenen Weges als Reiki-Lehrer.

Für jeden Reiki-Praktizierenden ist es wichtig, daß er versteht, was in den Reiki-Einweihungen geschieht und was durch diese ausgelöst werden kann. Die jeweiligen Einweihungen oder Einstimmungen sind der essentielle Bestandteil jedes Reiki-Grades, und sie alle wirken insgesamt auf das feinstoffliche Energiesystem ein. Ähnlich, aber viel intensiver, wie bei einer Reiki-Behandlung wird in der Einweihungszeremonie vom Reiki-Lehrer ein hohes Maß an Energie an bestimmte Körperstellen des Reiki-Schülers übermittelt. Hierbei werden vor allem die Eingangs- und Durchgangspunkte des Energiekanals am Kopf und Hals, die oberen Chakren und die Austrittspunkte der Energiekanäle an den Händen aktiviert und stimuliert. Die Einweihungen lösen alle feinstofflichen Prozesse aus, die auch bei den normalen Behandlungen stattfinden und die im Kapitel über die Reiki-Energie bereits ausführlich beschrieben wurden. Durch den besonderen Vorgang haben die Einweihungen jedoch noch eine viel tiefgreifendere Wirkung.

Es findet also eine Vielzahl an feinstofflichen Vorgängen während einer Einweihung statt, die oftmals unterschiedliche Phänomene hervorrufen und auf wunderbare Art besondere Bewußtseinsprozesse möglich machen. Viele Menschen berichten nach einer Einweihung von einer Vision, die sie währenddessen hatten oder andere, die vorher sehr nervös und aufgewühlt waren, daß sie nun ruhig und entspannt sind. Auf einzigartige Weise verändern sich die Menschen durch das Ritual der Einweihungen. Davon wird auch immer die Atmosphäre in der Gruppe beeinflußt, die dadurch oftmals die Qualität von Ruhe und Stille bekommt.

Der Grad der Energieübermittlung bei einer Einweihung wird immer davon bestimmt, wieviel Energie der Reiki-Lehrer kanalisieren kann und wieviel der Reiki-Schüler von dieser Energie aufnehmen kann. Je offener ein Schüler in die Einweihungen hineingeht und je bewußter er dabei ist, um so leichter kann er die ihm zugeführte Energie spüren, wahrnehmen und aufnehmen. Jeder Mensch reagiert, wie schon erwähnt, anders auf sie. Hierbei ist vor allem auch wieder die Motivation, mit der man in ein Seminar hineingeht, ausschlaggebend. Wenn ein Mensch daran interessiert ist, sich selbst tiefer kennenzulernen, dann wird er sich in den Einweihungen leicht entspannen und sie genießen können.

Die Energie, die in den Einweihungen an den Reiki-Schüler übermittelt wird, wird direkt nach den Einweihungen und in den Wochen danach verarbeitet und in den Gesamtorganismus integriert. Dieser Prozeß wurde schon immer als eine Reinigungsphase beschrieben, die circa drei Wochen dauert und von der alle Ebenen des Menschen betroffen sind – der physische Körper, die Gefühle oder der Emotionalkörper, der Geist oder der Mentalkörper und die Seele oder der Spiritualkörper. Das muß nicht anstrengend sein, aber es kann schon einmal vorkommen, daß der Körper anders reagiert als sonst oder daß Gefühle spürbar werden, die man bisher vielleicht sogar unbewußt unter Kontrolle gehalten hatte. Diese Phänomene kann man viel leichter akzeptieren, ja man kann sie sogar begrüßen, wenn man weiß und versteht, daß sie der Umstellungs- und Reinigungsphase nach den Einweihungen zuzuordnen sind.

Gerade in dieser Phase ist es besonders unterstützend und wichtig, daß man sich mit Reiki beschäftigt, sich mit dem Gelernten vertraut macht und sich vor allem selbst Reiki gibt. Das gewährleistet, daß man sich in einer Zeit der Veränderung mit Reiki hilft und gleichzeitig das Gelernte sofort umsetzt, ohne einen Leerlauf zwischen dem Seminar und dem Beginn des Praktizierens entstehen zu lassen. Durch die Einweihungen werden die Energiekanäle aktiviert und in gewissem Sinne geöffnet und geweitet. Mit anderen Worten könnte man auch sagen, daß etwas in Gang gebracht oder auf ein neues Energieniveau gehoben worden ist, auf dem der Reiki-Schüler direkt aufbauen kann, wenn er nach den Seminaren sofort weiter Reiki praktiziert. Tut er dies nicht oder nur sehr wenig und sporadisch, so werden sich seine Energiekanäle nicht weiterentwickeln können, und sie werden sich eventuell sogar wieder auf das vorherige Maß zurückbilden, wenn er Reiki gar nicht anwendet.

Nach einem Seminar des ersten Grades ist es also empfehlenswert, direkt mit regelmäßigen Selbstbehandlungen zu beginnen und einen eigenen Rhythmus zu entwickeln. Dadurch findet man z.B. heraus, zu welcher Tageszeit man die Selbstbehandlungen am besten machen und sich gut konzentrieren kann. Jeder kann selbst entscheiden, wie lange, wie oft und zu welcher Tageszeit man die Selbstbehandlung machen will.

Unmittelbar nach den Einweihungen werden die Hände der Reiki-Schüler bei den Behandlungen meistens sehr warm, was durchwegs als angenehm und als Beweis dafür, daß wirklich Energie fließt, empfunden wird. Durch die Einweihungen wurden die Energiekanäle so stark angeregt, daß sie nun mehr Energie aufnehmen und kanalisieren können. Dies erzeugt auf körperlicher Ebene die Hitze- oder Wärmephänomene. Oft kommt es vor, daß die Reiki-Praktizierenden nach einigen Wochen oder auch nach Monaten feststellen, daß ihre Hände nicht mehr diesen hohen Hitzegrad erreichen wie in den ersten Tagen nach dem Seminar. Manche Reiki-Schüler meinten dann, daß mit ihnen etwas nicht stimmen würde und sie Reiki nicht mehr so intensiv übermitteln könnten oder auch, daß die Einweihungen ihre Wirkung verloren hätten. Manche Menschen ließen sich aus diesen vermeintlichen Gründen sogar ein zweites Mal in den ersten Grad einweihen, was aber nicht nötig gewesen wäre.

Was ist dann also die Ursache dafür, daß die Hände bei Behandlungen nach einiger Zeit des Praktizierens manchmal nicht mehr ganz so heiß werden wie direkt am Anfang? Die Energiekanäle gewöhnen sich im Laufe einer regelmäßigen Reiki-Praxis zunehmend an die vermehrte Energiezufuhr und -aufnahme, und sie pendeln sich auf dieses neue Energieniveau ein, wodurch unter Umständen nicht mehr so große Hitze in den Händen produziert wird. Die Energiekanäle werden, wie schon im Kapitel über die Reiki-Energie angesprochen, also durch regelmäßiges Praktizieren von Reiki sehr stark beeinflußt, und sie verändern sich dadurch. Das bewirkt, daß sie sich mit der Zeit konstant ausdehnen, erweitern und auf ein größeres Maß an Energie einschwingen können, was dann immer wieder zu einem zeitweiligen Anstieg der Wärme in den Händen führen kann.

Der nächste Lernschritt nach dem regelmäßigen Praktizieren der Selbstbehandlung ist die Reiki-Übermittlung an eine andere Person. Man kann mit viel mehr Selbstvertrauen in diese Behandlungen hineingehen, wenn man bereits

Erfahrungen mit sich selbst gemacht hat. Für die ersten Versuche bietet es sich an, zunächst einen guten Freund oder eine Freundin zu fragen, ob Interesse an einer Reiki-Übermittlung besteht. Die ersten Menschen, denen man Reiki gibt, sollten immer Vertrauenspersonen sein, mit denen man sich wohlfühlt. Das erleichtert dem Reiki-Gebenden die Situation und mildert seine anfängliche Nervosität, die hierbei oft vorhanden ist. Regelmäßige Reiki-Treffen bieten ebenfalls eine gute Möglichkeit, Erfahrungen mit anderen Menschen zu sammeln und Reiki auszutauschen.

Es ist eine wertvolle Erfahrung, vielen unterschiedlichen Menschen Reiki zu geben, denn dadurch kann man mehr und mehr in die Dimensionen und Qualitäten von Reiki eintauchen und sie verstehen und schätzen lernen. In meinem ersten Jahr mit Reiki nahm ich an mehreren Treffen teil, bei denen viele Menschen anwesend waren. Natürlich suchte ich mir immer Partner aus, die mir auf den ersten Blick sympathisch waren. Das ging einmal im Laufe dieser Treffen nicht, und es war nur noch ein Partner für mich übrig, der mir bereits unangenehm aufgefallen war und den ich bisher gemieden hatte. Notgedrungen stimmte ich zu, ihm eine Reiki-Behandlung zu geben, und ich machte die überraschende Erfahrung, daß ich mich mit ihm genauso wohlfühlte, wie mit den anderen. Auch mit ihm erfuhr ich dieselben Qualitäten innerhalb der Behandlung, die ich bisher so geliebt und geschätzt hatte – das stille Zusammensein mit einem anderen Menschen und der daraus entstehende Respekt und das Mitgefühl füreinander. Dieses Ereignis machte mir Reiki noch wertvoller.

Nach dem Seminar des zweiten Grades gilt natürlich ebenfalls die dreiwöchige Reinigungsphase, da die entsprechende Einweihung noch einmal intensiver ist als beim ersten Grad. Für die meisten Menschen ist der Umgang mit Symbolen etwas vollkommen Neues. Deshalb ist es sehr empfehlenswert, sich zunächst einmal mit den Reiki-Symbolen ausführlich vertraut zu machen. Das Einfühlen in die Symbole ist ein Prozeß, der seine Zeit dauert und den man im Grunde nicht beschleunigen kann. Wer sich aber mit ihnen beschäftigt, wird sich die Bedeutung und Schwingung der einzelnen Symbole schrittweise erschließen können. Findet dieser Prozeß nicht statt, dann werden sie etwas relativ Abstraktes bleiben, das man ab und zu einsetzt, ohne zu verstehen, was man wirklich tut. Wenn man die Schwingung der einzelnen Symbole in sich gefühlt und erlebt hat und nicht nur rein mental weiß, wann man sie benutzen kann, dann wird es viel leichterfallen, sie gezielt anzuwenden. Das Kennenlernen der Symbole kann man am besten durch kurze Meditationen unterstützen, die folgendermaßen ablaufen könnten:

> Als Einstimmung und als ersten Teil kann man eine kurze Entspannungsübung machen, indem man z.B. stille Musik hört, den eigenen ein- und ausströmenden Atem beobachtet oder innerlich schrittweise durch den Körper geht und ihm dabei goldenes Licht sendet.
> Dann schließt man im zweiten Teil die Augen und spricht innerlich still oder auch laut im gleichmäßigen Abstand immer wieder den Namen des Symbols, das man näher kennenlernen möchte. Dazu zeichnet man es entweder mit der Hand oder innerlich mit dem Dritten Auge. Der wichtigste Punkt bei dieser

Meditation ist, daß man das Symbol ganz bewußt spricht und zeichnet und dabei genau auf seine Wirkung und Schwingung achtet. Es ist keine große Hilfe, wenn man es nur stereotyp heruntersagt und wiederholt. Falls die Gedanken zwischendurch abschweifen, richtet man die Aufmerksamkeit einfach wieder auf das Symbol, sobald man dies bemerkt.

Für beide Teile dieser Übung sollte man sich jeweils 10 oder 15 Minuten Zeit nehmen. Mit jedem Symbol sollte man mindestens eine, besser noch drei Wochen möglichst täglich meditieren.
Es ist für den Reiki-Praktizierenden sehr hilfreich, wenn er genau weiß, was die Reiki-Symbole innerhalb einer Reiki-Anwendung bewirken. Generell verändern die ersten zwei Symbole die neutrale kosmische Lebensenergie, indem sie einen bestimmten Aspekt von ihr hervorheben oder verstärken. Je nachdem welches der ersten beiden Symbole angewendet wird, wird der beruhigende und harmonisierende oder der belebende und aktivierende Teil der Ätherenergie hervorgehoben. Jeder Reiki-Praktizierende sollte diese sehr unterschiedliche Funktion der einzelnen Symbole selbst erfahren haben und ihre Wirkung verstehen, damit man sie später gezielt bei der Behandlung anderer Menschen einsetzen kann.

Bei einer normalen Reiki-Sitzung bleibt die Ätherenergie in ihrer Essenz neutral. Sobald man eines der ersten beiden Symbole anwendet, hebt man eine Qualität der Ätherenergie – die harmonisierende oder die aktivierende – hervor, die ansonsten im gleichen Anteil wie die andere vorhanden ist. Man verstärkt somit eine bestimmte Qualität. Das bedeutet für eine Körperbehandlung, daß man sich sicher sein muß, daß der Reiki-Empfangende ein bestimmtes Symbol und somit eine bestimmte Qualität in größerem Maße benötigt und diese gut aufnehmen und verarbeiten kann. Diese Sicherheit erhält man, wenn man zunächst einmal sehr vorsichtig und respektvoll mit den Symbolen umgeht und sie eher sparsam als zu oft einsetzt. Ist man mit ihnen nicht wirklich vertraut oder hat man ihre Wirkung noch nicht in ausreichendem Maße erfahren, dann besteht schnell die Gefahr, daß man sie unterschätzt, indem man sie zu häufig anwendet oder an Stellen des Körpers einsetzt, die ihre Energie nicht verarbeiten können.

Durch die Anwendung der ersten beiden Symbole kann die kosmische Lebensenergie also noch gezielter eingesetzt werden, indem eine ihrer beiden Grundqualitäten hervorgehoben bzw. verstärkt wird. Dies macht man, indem man das Symbol mit der Handinnenfläche direkt zeichnet oder es sich mental vorstellt. Visualisiert man das Symbol, wird der Mentalkörper mit dieser Frequenz erfüllt, die dann auf die durch die Energiekanäle geleitete kosmische Lebensenergie einwirkt.

Mit dem Einsatz des aktivierenden Reiki-Symbols innerhalb einer Behandlung regt man die Ätherenergie des Empfangenden gezielt an, was z.B. notwendig sein könnte, wenn ein bestimmter Körperbereich insgesamt mit zuwenig Energie versorgt ist.

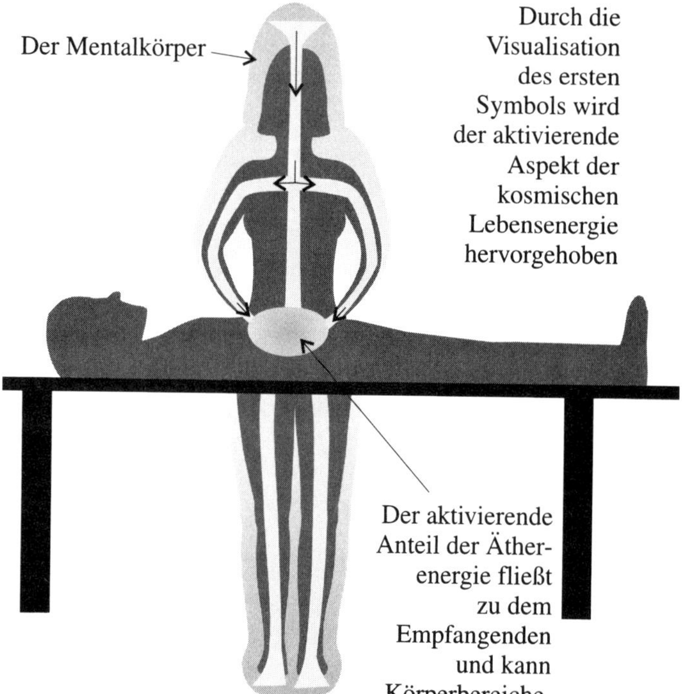

Setzt man das ausgleichende und beruhigende Symbol ein, sendet man dem Empfangenden Ätherenergie, die unter anderem harmonisierend wirken kann, wenn ein bestimmter Körperbereich mit gereizter oder einem Übermaß an Energie durchwirkt ist.

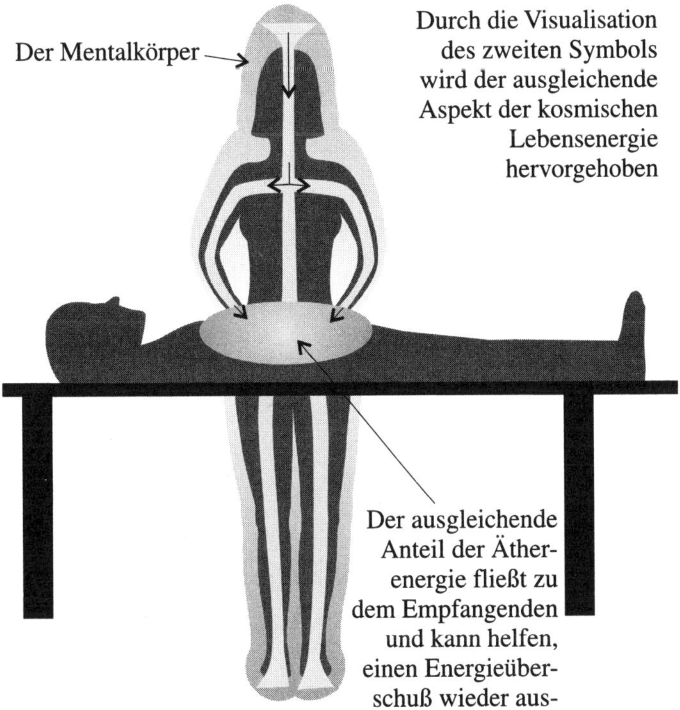

Die unterschiedliche Anwendung der beiden Symbole muß also genau dosiert werden, was eine gewisse Erfahrung voraussetzt, die man am Anfang unter anderem durch die Meditationen erlangen kann.

Die Fern- und Mentalbehandlungen wiederum sind Techniken mit einem ganz bestimmten festgelegten Ablauf, innerhalb dessen die Symbole eingesetzt werden. Bei der Mentalbehandlung wirken sie stimulierend auf die mentalen

Prozesse des Reiki-Empfangenden ein. Bei der Fernbehandlung helfen sie dem Reiki-Gebenden, leichter den Kontakt zu der Zielperson herzustellen. Ich möchte hier nicht näher auf den Ablauf der einzelnen Anwendungen und die dabei einzusetzenden Symbole eingehen, denn sie sind ein Bestandteil der Ausbildung in jedem Reiki- Seminar des zweiten Grades. Da beide Anwendungen sehr komplexe Vorgänge sind, sollten sie direkt vom Reiki-Lehrer angeleitet werden. Während beim ersten Grad die Reiki-Übertragung auf körperlicher Ebene im Mittelpunkt steht, wird beim zweiten Grad zusätzlich direkt die Mentalebene angesprochen. Das stellt immer eine Herausforderung für den Reiki-Schüler dar, und es steht diesmal nicht die Häufigkeit des Praktizierens dieser Anwendungen im Vordergrund, sondern vor allem die Art und Weise, wie man sie tut, worauf ich hauptsächlich im nächsten Kapitel eingehen werde.

Ein Hauptpunkt des zweiten Grades, dem immer Beachtung gegeben werden sollte, ist, daß die Verantwortung des Reiki-Schülers größer und gewichtiger wird, denn sein Wirkungsbereich wird durch die Symbole über die körperliche Ebene hinaus auf die mentale Ebene ausgedehnt. Hierbei muß er bestimmte Regeln beachten und immer einhalten. Eine Grundregel ist z.B., daß er vor jeder Fernkontaktaufnahme mental die Zustimmung der Zielperson erhalten muß. Bekommt er diese nicht, dann muß der Kontakt sofort abgebrochen werden.

Grundsätzlich sind die Möglichkeiten, die sich dem Reiki-Praktizierenden des zweiten Grades durch die Symbole und die dazugehörigen Anwendungen erschließen, grandios, und sie fördern und entwickeln das geistige Potential des Menschen im umfassenden Maße. Die Basis für eine erfolgreiche Arbeit mit den Symbolen, gleichgültig ob man sie innerhalb einer Körper-, Mental- oder Fernbehandlung einsetzt, ist aber, daß man diese wirklich versteht und sie sich schrittweise erschließt.

Die Verantwortung des Reiki-Praktizierenden vergrößert sich weiter, wenn er vom Schüler zum Lehrer wird. Die Motivation, Reiki-Lehrer zu werden, sollte meiner Meinung nach immer aus Liebe und Respekt für Reiki und für die Menschen entstehen. Auch ein angehender Lehrer braucht zunächst nach der Einweihung und vollständigen Ausbildung Zeit, damit er die Dimensionen von Reiki noch tiefer erfassen kann, denn ihm wurde ja ein neues Symbol in die Hände gegeben, das er nun für sich selbst entdecken muß. Das vierte Reiki-Symbol ist vor allem ein Meditationssymbol und auch ein Schlüssel für den Reiki-Lehrer, mit dem er an seiner eigenen Bewußtseinsentfaltung arbeiten kann. Deswegen ist es für dieses Symbol besonders wichtig, daß man sich über die Wirkung und Schwingung durch die bereits vorgeschlagene Meditationsübung bewußt wird.

Jeder Reiki-Grad macht den Reiki-Schüler mit einer neuen Ebene des Bewußtseins und der Heilung vertraut. Für alle Reiki-Grade gilt, daß nach den Einweihungen eine Phase der Veränderung und inneren Reinigung stattfindet, die den Reiki-Praktizierenden auf eine neue Stufe des Bewußtseins heben kann, wenn er dies zuläßt und hinterher durch seine eigenen Bemühungen fördert. Der Reiki-Praktizierende kann den Energieschub, der durch die Einweihungen stattfindet, nutzen, ihn in sich integrieren und auf ihn aufbauen und dadurch mit diesen Ebenen des Bewußtseins schnell vertraut werden.

Achtsamkeit und Bewußtheit entwickeln

Alles, was ihr tut, ob in euren täglichen Arbeiten oder in euren Meditationen, könnt ihr mit Bewußtheit erfüllen. Alle Tätigkeiten könnt ihr mit Achtsamkeit verrichten. Vieles, was ihr momentan tut, findet rein mechanisch oder automatisch statt und nur ein geringer Prozentsatz eurer Bewußtheit ist bei diesen Tätigkeiten beteiligt. Meistens führt ihr eine bestimmte Arbeit aus und eure Gedanken sind bei ganz anderen Dingen. Das führt eine Spaltung herbei, denn ein Teil von euch ist zwar physisch anwesend, der andere Teil ist aber weit weg – euer Körper ist da und euer Geist ist woanders. Das hat zur Folge, daß ihr nie ganz präsent oder nie im Hier und Jetzt seid. Immer seid ihr dann irgendwo, aber nie da, wo ihr tatsächlich seid. Immer seid ihr dann nicht bei dem, was ihr gerade tut.

Diese Spaltung ist ungesund, wenn sie lange aufrechterhalten wird, aber die meisten Menschen leiden unter ihr.

Sie ist sozusagen eine Volkskrankheit, die vor allem die Möglichkeit bietet, der Realität zu entfliehen, wenn diese nicht angenehm erscheint.

Jeder Mensch, der ein Interesse an sich selbst und an seiner Bewußtseinsentwicklung hat, wird seinem eigenen Inneren mit der Zeit mit mehr Aufmerksamkeit entgegentreten. Jeder Mensch, der ganz in der Realität ankommen möchte, wird Bewußtheit über sein Inneres und über sein Tun entwickeln müssen.

Es ist ein Grundpfeiler jeglicher spiritueller Arbeit, Achtsamkeit und Bewußtheit zu entwickeln. Was bedeutet das für Reiki? Was bedeutet es, achtsam innerhalb der Reiki-Arbeit zu sein und zu bleiben? In erster Linie beinhaltet es, daß ihr bei dem seid und bleibt, was ihr gerade tut! Wenn ihr z.B. euch selbst eine Reiki-Behandlung gebt, welcher Art diese auch immer ist, dann versucht einmal, nicht mit eurem Bewußtsein abzuschweifen, sondern genau darauf zu achten, was in euch – in eurem Körper, euren Emotionen, eurem Geist – stattfindet. Nicht in Gedanken abzuschweifen oder nicht vor dem tatsächlichen Geschehen zu fliehen, ist für viele Menschen wenigstens am Anfang schwer. Die meisten Menschen haben diese Flucht- und Unbewußtheitsmechanismen so stark verinnerlicht, daß es für sie sehr schwierig ist, Achtsamkeit und Bewußtheit in ihre Taten einfließen zu lassen. Es ist aber möglich, dies zu lernen, wenn man will.

Wir sagten bereits, daß Reiki wie ein Pol zu der geschäftigen Welt um euch herum sein kann. Reiki ist im Grunde eine Meditations- und gleichzeitig auch eine Heiltechnik. Ihr könnt Reiki, so wie alles andere auch, bewußt oder unbewußt, achtsam oder unachtsam praktizieren. Ihr könnt euch jeden Tag Reiki geben, aber das tatsächliche Geschehen – all das, was in eurem Körper und in eurem Inneren passiert – geht an eurem Bewußtsein vorbei. Je achtsamer ihr werdet, um so leichter könnt ihr eure inneren Vorgänge und das komplexe Geschehen, das bei Reiki stattfindet, erkennen. Reiki ist eine sehr stille Methode, sie konfrontiert euch mit Stille. Man kann auch sagen, daß Reiki eine sehr einfache Methode ist. Gerade darin liegt aber die Herausforderung für den heutigen Menschen, der daran gewöhnt ist, immer etwas zu tun. Reiki ist wie ein Stop für das übliche geschäftige Tun.

Achtsamkeit innerhalb der Reiki-Arbeit beinhaltet sehr vieles, denn ihr müßt Bewußtheit über euer Tun, oder besser noch über euer Nichttun erringen und ganz im Hier und Jetzt präsent und anwesend sein und es auch bleiben. Viele Menschen sind die Stille, die sich innerhalb einer Reiki-Übertragung entfaltet, gar nicht mehr gewohnt, weil sie sich laufend beschäftigen und ablenken. Durch Reiki werdet ihr alle direkt und unmittelbar mit euch selbst konfrontiert, wobei es keine Rolle spielt, ob ihr Reiki gebt oder nehmt. Hierbei ist natürlich entscheidend, ob ihr mit euch selbst konfrontiert werden möchtet. Wenn ja, dann werdet ihr euch immer mehr um Bewußtheit und Achtsamkeit bemühen. Wenn euch Selbstkonfrontation unangenehm ist, dann werdet ihr in euren Gedanken der Situation entfliehen und euch in fiktiven Realitäten aufhalten.

Jede Meditationstechnik hat nur den einen Sinn, Bewußtheit zu fördern und zu unterstützen. Das ist der Grund für den Ursprung der vielzähligen unterschiedlichen Meditationen. Entspannungstechniken werden heutzutage sehr häufig mit Meditationen gleichgesetzt, was aber ein Mißverständnis ist. Meditationen können zwar entspannen, aber Entspannungstechniken müssen nicht unbedingt die Bewußtheit fördern. Reiki ist keine Entspannungstechnik, son-

dern eine Meditations- und Heilungsmethode, innerhalb derer die Gesetze von Bewußtheit eine große Rolle spielen. Beim Praktizieren von Reiki gilt hauptsächlich nicht das Gesetz der Quantität, sondern der Qualität. Natürlich ist es von Bedeutung, wie schon im vorherigen Kapitel erklärt, daß ihr vor allem direkt nach den Seminaren, Reiki so oft es nur geht praktiziert. Nun kommen wir aber zum nächsten wichtigen Schritt oder Punkt nach dem Sammeln von Erfahrungen, der beinhaltet, wie ihr Reiki praktiziert.

Das Wie bestimmt immer die Qualität eures Handelns. Das trifft natürlich vor allem auf solche Tätigkeiten wie Reiki zu. Das Wie bestimmt auch, ob für euch das Wunder von Reiki immer wieder erfahrbar wird und ob ihr dadurch Reiki „erfolgreich" anwenden könnt. Es ist deshalb mit der wichtigste all der anderen Punkte, obwohl man sie im Grunde nicht voneinander trennen kann.

Reiki ist eine Methode, eine bestimmte Technik, die zunächst ganz für sich alleine im Raum steht. Der Mensch ist immer derjenige, der eine Methode oder Technik mit Leben und mit Kraft erfüllt. Ihr könnt Reiki sehr unbewußt praktizieren, dann werdet ihr aber schnell die Freude daran verlieren und euer Reiki wird sehr kraftlos sein. Oder ihr könnt Reiki mit Achtsamkeit und mit Bewußtheit innerhalb der Anwendungen erfüllen, und ihr erlebt dadurch, wieviel in eurer inneren Welt passiert. Reiki bringt euch somit eurem Inneren näher und schärft von Mal zu Mal eure Bewußtheit – ein Bewußtseinprozeß kommt in Gang. Die eine Art von Reiki ist langweilig und kraftlos, die andere Art ist voller Abenteuer und Wunder und wird laufend intensiver.

Es kommt also auf das Wie an. Es kommt darauf an, wie ihr Reiki praktiziert. Erinnert euch immer daran, daß Reiki eine Meditations- und Heilungstechnik ist, mit der eure

Bewußtheit und Achtsamkeit verbunden sein muß, sonst ist die Technik nur mechanisches Tun und nicht mit Kraft erfüllt.

Was bedeutet es weiterhin für das Praktizieren von Reiki, bewußt und achtsam zu sein? Hierfür ist es hilfreich, sich zu vergegenwärtigen, welche Vorgänge für den Reiki-Gebenden und -Nehmenden bei einer Reiki-Übertragung am wichtigsten sind.

Vor jeder Behandlung sollte sich der Reiki-Gebende zunächst einmal einstimmen und erst dann aus einem ruhigen Gemütszustand heraus in die Behandlung hineingehen. Die Einstimmung hilft ihm dabei, sich auf Reiki auszurichten und Abstand vom Alltagsgeschehen zu bekommen. Ein Anker oder eine Erleichterung bei dieser Einstimmung könnte eine Affirmation sein, wie z.B. „In der folgenden Behandlung bin ich ein offener und reiner Kanal für die kosmische Lebensenergie“. Jeder Reiki-Praktizierende kann sich sein eigenes gleichbleibendes Ritual oder seinen eigenen Ablauf kreieren, der ihn dabei unterstützt, sich leicht und schnell auf eine Reiki-Behandlung auszurichten, damit er sie frei, unbelastet und bewußt beginnen kann.

Die Aufmerksamkeit des Reiki-Gebenden während einer Übertragung kann hauptsächlich auf das Fließen der Energie in seinem Körper gerichtet sein. Diesen Energiefluß kann er unterstützen und verstärken, wenn er sich diesem Geschehen mehr und mehr bewußt öffnet. Der Reiki-Gebende stellt sich immer als ein Gefäß oder Übermittler für die kosmische Lebensenergie zur Verfügung – er ist in diesen Momenten ein Medium für sie. Je intensiver der Reiki-Gebende innerlich darauf ausgerichtet ist, um so stärker kann die Energie in ihn ein- und durch ihn hindurchströmen und über seine Hände in den Körper des Reiki-Empfangenden einfließen.

In den Seminaren zum ersten Grad werde ich von den Teilnehmern oft gefragt, ob der Gebende und der Nehmende innerhalb der Behandlung an bestimmte Dinge denken muß. Für einen Reiki-Schüler ist es am Anfang als Gebender hilfreich, sich zwischendurch zu vergegenwärtigen, daß man ein Kanal für die kosmische Lebensenergie ist. Es ist aber nicht nötig, daß man laufend daran denkt. Mit der Zeit wird dieses Erinnern an die eigentlichen Vorgänge in das Bewußtsein übergehen und sich in einer inneren Haltung und Grundeinstellung zeigen. Weiterhin kann der Gebende innerhalb einer Behandlung seine Aufmerksamkeit auf die Körperstellen, auf denen seine Hände aufliegen, richten und beobachten, wie die Energie in diese Stellen einfließt.

Das innere Ausgerichtetsein auf das tatsächliche Geschehen schärft mit der Zeit das Bewußtsein des Reiki-Gebenden, und es wird ihm dadurch unter anderem möglich, genau zu erspüren, wie die Energie in den Empfangenden einfließen kann. Jeder Mensch ist anders und somit ist auch jede Reiki-Übertragung anders und neu. Manchmal wird sehr viel Energie vom Empfangenden aufgenommen, manchmal weniger. Manchmal wird an den verschiedenen Stellen eines Körpers innerhalb einer Behandlung mehr Energie angezogen, dann wieder verweigern Stellen fast die Energieaufnahme. Diese Vorgänge kann der Reiki-Gebende nur erleben, wenn er mit seiner Aufmerksamkeit bei der Behandlung bleibt. Natürlich kommt es vor, daß man zwischenzeitlich kurz mit den Gedanken abschweift, aber dann sollte man immer wieder zum tatsächlichen Geschehen zurückkehren.

Die innere bewußte Ausgerichtetheit und Achtsamkeit hat vielerlei positive Auswirkungen für den Reiki-Gebenden, denn er schult sich unter anderem, im Hier und Jetzt zu sein und zu bleiben, was man als eine Meditationsübung ansehen kann. Gleichzeitig gewährleistet es auch, daß keine Energie vom Empfangenden zurück zum Gebenden fließen kann. Der Gebende sensibilisiert sich zwar im Laufe einer bewußten Reiki-Arbeit für die inneren Prozesse des Nehmenden, indem er manchmal körperliche Vorgänge, Gefühle oder sogar Gedanken des Empfangenden wahrnimmt, aber er nimmt diese niemals auf. Wenn ein Reiki-Praktizierender den Eindruck hat, daß er innerhalb von Reiki-Übertragungen eventuell vorhandene körperliche Beschwerden, Gefühle oder Gedanken des Empfangenden aufnimmt, dann muß er sich noch einmal intensiv mit den Grundlagen von Reiki beschäftigen und seine innere Haltung während einer Übertragung neu und bewußter ausrichten. Ein Mensch, der eine Reiki-Übertragung mit Bewußtheit ausführt, nimmt die Gefühle oder Gedanken des Empfangenden nicht auf, sondern nur wahr.

Während einer Reiki-Behandlung wird der Reiki-Gebende von der kosmischen Energie durchströmt, und er wird von ihr im Grunde gleichermaßen berührt wie der Empfangende. Sie bewirkt auch etwas im Gebenden, nur ist sein Bewußtsein während der Behandlung eher auf den Energiefluß und auf seinen Partner fokussiert. Da der Reiki-Gebende aber keine Energie aus seinem eigenen persönlichen Energiereservoir abgibt, sondern sich als Kanal für die kosmische Energie zur Verfügung stellt, fühlt er sich nach einer Behandlung eher beschenkt als erschöpft. Für den Reiki-Gebenden ist eine bewußte und achtsame Reiki-Übertragung ebenfalls eine Bereicherung und Erfrischung.

Was bedeutet es für einen Menschen, der Reiki bekommt, achtsam und bewußt innerhalb einer Behandlung zu sein? Zunächst einmal entscheidet die innere Einstellung des Empfangenden Reiki gegenüber, wieviel Energie von ihm aufgenommen wird. Der Reiki-Empfangende bestimmt durch seine Offenheit, wieviel Energie in ihn einströmen kann. Jeder Reiki-Praktizierende hat es schon erlebt, wie unterschiedlich sich Reiki-Behandlungen mit verschiedenen Menschen anfühlen können. Ist ein Mensch eher verschlossen und skeptisch, wird ihn die Reiki-Energie nur sehr schwer oder minimal erreichen können. Ist ein Mensch offen und empfänglich, wird das die Reiki-Übertragung positiv beeinflussen und ein Maximum an Energie kann fließen. Der Reiki-Empfangende bestimmt also durch seine innere Einstellung die Aufnahme der kosmischen Lebensenergie sehr stark. Es kann immer nur soviel Energie in den Empfangenden einfließen, wie dieser aufnehmen kann.

Grundsätzlich kann der Reiki-Empfangende innerhalb einer Behandlung sein Bewußtsein über sich selbst schärfen, gleichgültig ob er sich selbst Reiki gibt oder ob er von einer anderen Person Reiki bekommt, indem er ebenfalls bewußt bei dem Geschehen bleibt. Das bedeutet, daß er z.B. innerhalb einer Körperbehandlung seine Aufmerksamkeit zu den Körperstellen lenkt, auf die die Hände aufgelegt werden und genau wahrnimmt, wie sich diese Stellen anfühlen oder ob etwas in ihnen ausgelöst wird. Für den Reiki-Empfangenden sollte die Reiki-Behandlung eine tiefe Entspannung und ein Eintauchen in sein Inneres sein. Es kommt häufig vor, daß der Empfangende während einer Behandlung einschläft. Das kann eine ganz normale Reaktion auf eine vorherige Überanstrengung, eine tiefe Heilungsreaktion oder aber auch ein Ausklinken aus dem tatsächlichen Geschehen sein. Viele Menschen verbinden mit Entspannung meistens Schlaf, aber nicht, daß sie sich entspannen und trotzdem wach und bewußt dabei bleiben. Andere Menschen fallen bei allen nur möglichen Gelegenheiten, bei denen sie mit sich selbst konfrontiert sind, ebenfalls in Schlaf, nur um dieser bewußten Begegnung auszuweichen. Es gibt also nicht nur positive Begründungen dafür, wenn jemand bei einer Reiki-Übertragung einschläft, wobei die Gründe jedes einzelnen Menschen völlig unterschiedlich sein können.

Grundsätzlich bekommt der Reiki-Empfangende innerhalb der Reiki-Übermittlung ein Mehr an kosmischer Energie, die in seinen Organismus einströmt und über die Chakren und Energiekörper alle Bereiche seines Seins erreicht. Das kann vielerlei Prozesse in ihm auslösen, die er so bewußt wie es ihm möglich ist, erleben kann. Je aufmerksamer und offener er ist, um so leichter können diese ablaufen und um so schneller kann ein Selbstheilungs- und Reinigungsprozeß stattfinden. Ein mögliches positives Beispiel hierfür wäre, wenn einem Menschen innerhalb einer Behandlung ein schmerzhaftes Erlebnis ins Bewußtsein steigt, das er bisher krampfhaft unterdrückt hatte und er all die Gefühle zuläßt, die in diesem enthalten waren. Das kann sich wie eine emotionale Reinigung in Form von Tränen ausdrücken. Dadurch verarbeitet dieser Mensch das Erlebnis und wird wieder frei davon. Der Reiki-Gebende muß den Reiki-Empfangenden während dieses Vorgangs weder ansprechen noch trösten, sondern er kann in seiner inneren Haltung gleichbleiben. Er akzeptiert die Gefühle des Empfangenden, und er ist für ihn da. Diese Form des Akzeptierens und der Anwesenheit gibt dem Reiki-Empfangenden einerseits große Freiheit und andererseits auch die Sicherheit, liebevoll begleitet zu werden. Auf diese Art und mit dieser Einstellung können viele wunderbare Bewußtseinserfahrungen und -erweiterung für beide Beteiligten möglich werden.

In der Vergangenheit wurde oft gesagt, daß man Reiki immer und überall machen kann und daß es immer gleich wirkt. Die Wichtigkeit der Bewußtheit wurde dabei nicht berücksichtigt und alles wurde der Verantwortung von Reiki überlassen. Reiki würde es schon machen! Das beinhaltete, wie schon erwähnt, daß man einer anderen Person Reiki geben und dabei fernsehen konnte. Wie sollte Reiki ohne unsere bewußte und respektvolle Beteiligung befriedigend wirken können? Auf alle Fälle kann solch eine nebenbei ausgeführte Übertragung nicht sehr stark und rein sein. Erst durch unsere Aufmerksamkeit, Bewußtheit und durch unsere Achtung vor Reiki und vor dem Menschen, dem wir Reiki geben, bekommen unsere Übertragungen ihre Kraft und ihre Reinheit.

Reiki kann nicht Teil unserer unbewußten Gewohnheiten und unserer Ablenkungstaktiken sein. Die kosmische Lebensenergie kann uns nur wirklich heilen, reinigen und unterstützen, wenn wir uns für ihre Qualitäten öffnen. Damit wir dies tun können, braucht es unsere Hingabe und unsere Bemühung in Form von bewußter Wahrnehmung all dessen, was die Reiki-Energie oder das Reiki-Licht in uns aus- und auflöst.

Die eigene innere Welt entdecken

Wir kommen nun zu einem der schönsten Punkte, den Reiki bietet und möglich macht. Durch das Praktizieren von Reiki wird der Mensch im großen Maße mit sich selbst konfrontiert – ob er Reiki gibt oder nimmt, ist dabei gleichgültig. Die Einfachheit der Methode, die Klarheit ihrer Struktur und die daraus entstehende Stille ermöglicht es dem Reiki-Empfangenden, sein eigenes Ich unmittelbar zu erfahren. Durch Reiki wurde vielen Menschen Stille nahegebracht, die diese vorher vermieden hatten. Durch Reiki wurden viele Menschen sich selbst nahegebracht, die diesem Kontakt bisher ausgewichen waren. Der Schatz von Reiki liegt in der Möglichkeit, sich selbst durch Stille näherzukommen, sich selbst besser kennenzulernen und die eigene innere Welt zu entdecken.

Innerhalb einer Reiki-Übertragung wird dem Empfangenden Energie zur Verfügung gestellt, die in alle Ebenen seines Seins einfließt, wenn er es zuläßt und offen dafür ist. Reiki ist nicht nur für kranke Menschen von Nutzen, indem ihre Selbstheilungskräfte aktiviert werden, sondern es kann auch als eine Bewußtseinsmethode eingesetzt werden. Durch die Übertragung von kosmischer Energie werden immer Bewußtseinsprozesse in Gang gesetzt. Je achtsamer ihr innerhalb der Übertragungen seid, um so mehr und auch um so intensiver werdet ihr euch über eure inneren Vorgänge bewußt werden. Die Einfachheit der Methode des Handauflegens, die äußerlich keine große Ablenkungsmöglichkeit bietet, unterstützt das, indem sie eine meditative Atmosphäre kreiert und den Menschen mit sich selbst konfrontiert. Die einen erleben diese Konfrontation in Stille als unangenehm, die anderen können sie genießen und leicht in sie eintauchen. Was gibt es Schöneres für einen Menschen, als sich selbst kennenzulernen und dadurch zu erfahren, wer man ist, wohin man gehen will und was man tun möchte?

Viele Menschen scheuen sich davor, sich kennenzulernen und in ihr tiefstes Inneres zu schauen. Sie haben solch ein schlechtes Bild von sich selbst, daß sie Angst davor haben, ihr Innerstes zu erblicken. Das tiefste Innere, der wirkliche Kern eines Menschen ist aber nie dunkel oder böse, sondern strahlend und hell. Es ist die wichtigste und größte Reise eines Menschen, sich auf den Weg zu diesem Kern zu machen und früher oder später begibt sich jeder auf diese Reise. Reiki kann euch hierbei unterstützen und helfen.

Auf der Reise zu sich selbst gibt es bestimmte einfache Grundregeln zu beachten: Ehrlichkeit, Geradlinigkeit, Aufmerksamkeit und Liebe. Ehrlichkeit werdet ihr unbedingt brauchen, wenn ihr wirklich sehen wollt, wer ihr seid. Viele Menschen möchten ein ganz anderer sein, als sie tatsächlich sind. Sie machen sich ständig etwas vor, indem sie ein *bestimmtes Bild verfolgen, das sie in ihrer Vorstellung von sich selbst kreiert haben. Damit setzen sie sich selbst laufend unter Druck, woraus viele angstvolle Situationen entstehen. Was passiert, wenn sie ihrem Bild nicht entsprechen? Was passiert, wenn sie unfreiwillig mit der Realität, ihrer wahren Realität, konfrontiert sind? Meistens stürzen sie in ein tiefes Loch, weil sie erkennen, daß sie sich etwas vorgemacht haben. Viele Menschen leben ein Leben nach den Vorstellungen anderer, z.B. ihrer Eltern oder der Gesellschaft.*

Die erste Regel auf dem Weg zu größerer Selbsterkenntnis ist deswegen eine offene Überprüfung des eigenen Lebens und unbedingte Ehrlichkeit sich selbst gegenüber. Zu sich selbst ehrlich zu sein, kann manchmal sehr unangenehm sein, wenn man ablehnt, was man in sich entdeckt, aber es kann auch in großem Maße entspannend und heilsam sein. Es kommt immer nur darauf an, welche Einstellung man dazu hat. Wenn man zu seinem wahren Selbst vordringen und nicht mehr nur einem Bild entsprechen will, ist Ehrlichkeit ein sehr heilsames Mittel.

Jeder Schüler auf dem Weg zu sich selbst braucht auch eine gewisse Geradlinigkeit, indem er sein Ziel laufend im Auge behält und nicht auf Abwege gerät. Man könnte die Geradlinigkeit auch mit Zielgerichtetheit vergleichen, denn man muß auf diesem Weg genau wissen, wohin man gehen will. Das Ziel ist, das eigene Innere, die eigene innere Welt und den eigenen wahren Kern zu entdecken! Wann immer dem Schüler bewußt wird, daß er dieses Ziel vorübergehend aus den Augen verloren hat, wird ihn seine Geradlinigkeit und Ausgerichtetheit sofort wieder auf den richtigen Weg bringen.

Weiterhin braucht der Schüler Aufmerksamkeit oder, wie schon im vorherigen Kapitel besprochen, Achtsamkeit gegenüber den Prozessen, die in seinem Inneren ablaufen. Entwickelt er diese Aufmerksamkeit nicht oder bemüht er sich nicht darum, dann wird er nicht die Schichten entdekken können, die es bisher verhindert haben, daß er zu seinem wahren Wesen vorgestoßen ist.

Im Grunde kann man euer Inneres mit der Beschaffenheit einer Zwiebel, die aus vielen übereinanderliegenden Schalen besteht, vergleichen. Auch euer Kern ist umhüllt von vielen Schalen oder Schichten. Wenn ihr zu ihm vordringen wollt, dann müßt ihr diese Schichten entfernen. Das geschieht nur, wenn ihr euch selbst ehrlich und aufmerksam gegenübertretet. Was geschieht in eurem Inneren? Welche Gefühle und Gedanken wirken in euch? Welches gleiche mechanische Verhalten zeigt ihr immer wieder in völlig unterschiedlichen Situationen, obwohl es ihnen vielleicht gar nicht entspricht? Das sind alles Punkte, auf die ihr achten müßt, denn das schult eure Aufmerksamkeit und macht euch bewußter über euch selbst. Auf die Art, wie ihr euch um andere bemüht, die ihr schätzt und liebt, auf die gleiche Art muß sich ein Schüler um sich selbst bemühen.

Der letzte Punkt, den es zu beachten gilt, ist die Liebe. Jeder Mensch ist es wert, geliebt zu werden, gleichgültig wie er sich gibt und was er tut. Ein Mensch, der sich selbst liebt, erfährt eine tiefe Zufriedenheit. Ein Mensch, der von einem anderen geliebt wird, sich selbst aber nicht liebt, kann auch durch die Liebe des anderen keine wirkliche Zufriedenheit erleben. Um lieben zu können ist es wichtig, daß man sich selbst in die Liebe mit einschließt. Ein Schüler auf dem Weg zu seinem tiefsten Inneren, braucht die Liebe und das Mitgefühl für sich selbst, denn er muß sich wertschätzen können.

Er muß es sich erlauben, etwas Gutes für sich zu tun. Durch die Liebe wird es ihm leichtfallen, Nachsicht und Mitgefühl zu haben, wenn er Schwächen und Fehler in sich entdeckt. Ein Schüler auf dem Weg zu sich selbst braucht die Selbstliebe, durch die er den eigenen Wert erkennen kann, ohne daß er dadurch sein Ego erhebt.

Reiki macht es euch möglich, tief in euer Inneres einzutauchen und alles zu erkennen, was in euch ist – eure Stärken und Schwächen, eure positiven und negativen Einstellungen, eure eigenen und eure übernommenen Meinungen, eure Freude und eure Wut.

Was ihr auch vorfindet, alles sind Aspekte und Teile von euch. Ob sie euch guttun oder nicht, ist in erster Linie zunächst nicht von Bedeutung. Akzeptiert alles, was in eurem Inneren hochkommt. Laßt es zu! Eine Reiki-Übertragung sollte eine Zeit der Akzeptanz sein. Seid einmal so, wie ihr wirklich seid und schiebt innerlich nichts weg. Seid ehrlich und betrachtet auch das, was euch eventuell nicht gefällt. Betrachtet auch das, was ihr sonst normalerweise sofort unterdrückt. Der Reiki-Empfangende kann all die in ihn einströmende Energie für diese Bewußtseinsarbeit benutzen. Eine akzeptierende und liebende Haltung bewirkt, daß bisher unterdrückte Gefühle und Gedanken in das Bewußtsein steigen, wodurch sie bereits einen Großteil von ihrer Bedeutung und Kraft verlieren.

Laßt aber auch eure Stärke und eure Schönheit zu, wenn sie euch begegnet. Das Eintauchen in die innere Welt löst eine tiefe Transformation aus, denn man erfährt dadurch immer die eigene Stärke und Kraft, die eigene Fähigkeit zu Visionen und Weitsicht und die Verbindung zu etwas Höherem. Man erlebt, daß die innere Welt nicht öde und leer ist, sondern angefüllt mit Liebe, Weisheit und einem tiefen

Sinn und einer tiefen Bedeutung. Erlaubt euch, in die Tiefen eures Seins bewußt vorzudringen. Tragt schrittweise all die Schichten ab, die euch daran hindern, euer wahres Wesen zu erblicken und zu erfahren.

Die Reiki-Kraft kann euch hierbei unterstützen, wenn ihr sie gezielt für diese Bewußtseinserweiterung einsetzt. Reiki hilft nicht nur dabei, die Selbstheilungskräfte zu aktivieren oder tief zu entspannen. Die Reiki-Kraft kann auch das Bewußtsein erweitern, wenn der Praktizierende sie gezielt dafür einsetzt oder sie in sein Bewußtsein hineinlenkt.

Dafür muß er nichts bestimmtes tun, sondern er braucht sich innerlich nur dafür zu öffnen, bewußter zu werden. Erinnert euch daran, daß Reiki immer verbunden ist mit Stille, mit Nichttun und mit Geschehenlassen. Laßt es zu, daß sich euch eure innere Welt vor euren Augen und in eurem Herzen erschließt und entfaltet. Entdeckt, wer ihr wirklich seid, was ihr für euch ersehnt und wohin ihr gehen wollt. Laßt das Wunder von Reiki geschehen! Laßt das Wunder, das ihr seid, zu!

Das bewußte Eintauchen in die eigenen inneren Vorgänge während einer Reiki-Übermittlung hat viele positive Auswirkungen. Wenn z.B. der Reiki-Empfangende während einer Körperbehandlung seine Aufmerksamkeit auf die Stellen lenkt, auf die der Gebende seine Hände auflegt, dann kann er dadurch seinen eigenen Körper besser und tiefer wahrnehmen und kennenlernen. Er schult somit sein Körperbewußtsein, und er erfährt dabei unmittelbar, wie die unterschiedlichen Bereiche seines Körpers die Reiki-Energie aufnehmen. Das kann ihm vielerlei Dinge über sich selbst zeigen, auf die er auch im täglichen Leben außerhalb der Behandlung achten kann. Ein Beispiel hierfür wäre:

Ein Reiki-Empfangender spürt während der Reiki-Übertragung sehr viel Spannung und einen gewissen Druck im Bereich des Magens, und er versucht, in diese Anspannung hineinzugehen. Er vermeidet sie nicht, sondern er erlebt sie ganz bewußt. Durch diese Offenheit können ihm die Gründe für diese Anspannung oder sogar Lösungsmöglichkeiten klarwerden. In diesem Fall wird ihm sofort klar, daß der unmittelbare Grund hierfür in einer ungeklärten Situation mit einem Arbeitskollegen, vor dem er Angst hat, zu finden ist. Diese emotionale Belastung, die außerhalb seiner bewußten Wahrnehmung gelegen war, hatte eine so große Auswirkung auf ihn, daß er davon latente Magenbeschwerden bekommen hatte. Dies wird ihm erst durch die Reiki-Übertragung völlig bewußt. Er erkennt die Lösung nun darin, auf diesen Kollegen trotz einer gewissen Angst zuzugehen und mit ihm ein klärendes Gespräch zu führen.

Durch die Körperbehandlung wurde sich der Reiki-Empfangende über eine emotionale Spannungssituation bewußt, die sich, wenn er sie nicht lösen würde, früher oder später auch in seinem physischen Körper in Form von Beschwerden oder sogar einer Krankheit ablagern würde. Hätte es der Reiki-Empfangende vermieden, die Anspannung wahrzunehmen, dann hätte er diese auch nicht auflösen können. Sein Bemühen um Bewußtheit und seine Offenheit und Bereitschaft, in seine Gefühle einzutauchen, schafften die Voraussetzung, eine positive Veränderung in seinem Leben herbeizuführen.

Eine andere Form der Nutzbarmachung der Reiki-Energie für die eigene Bewußtseinserweiterung ist das Finden einer möglichen Lösung durch Entspannung und Geschehenlassen. Wenn man z.B. ein Problem oder eine Blockade schon kennt, aber nicht weiß, wie man diese ändern oder auflösen kann, dann kann man sich vor der Körperbehandlung darauf ausrichten, daß sich eine Lösung für dieses Problem im Inneren kristallisieren wird. Man könnte dies z.B. mit folgender Affirmation unterstützen: „Ich bin nun bereit, eine Lösung für mein Problem mit ... zu erkennen." Die Aufmerksamkeit des Reiki-Empfangenden richtet sich während der Übertragung zum einen auf die Stellen des Körpers, auf die die Hände aufgelegt werden, zum anderen bleibt er offen für Impulse, Gedanken und Gefühle, die ihm eine Lösung seines Problems zeigen könnten. Das Finden und Erkennen einer Lösung kann in diesem Fall nicht erzwungen werden, sondern es wird eher durch die innere Öffnung, eine tiefe Entspannung und ein Geschehenlassen stattfinden. Das realisiert sich unter Umständen nicht sofort bei der ersten Behandlung, je nachdem wie ausgeprägt das Problem ist.

Eine weitere positive Auswirkung der Körperbehandlung ist der tiefe Entspannungszustand, der alle Bereiche des Seins erfassen kann, wenn man es zuläßt. Schweift man dabei nicht in irgendwelchen Gedanken ab, dann wird man sich über viele Vorgänge bewußt, die auf einer tieferen Ebene als dem Tagesbewußtsein stattfinden. Man taucht sozusagen in eine tiefere Schicht oder Ebene ein und sieht und erfährt sich selbst, andere Menschen oder Dinge dadurch neu und oft auch anders. Da das Alltagsleben mit den vielen Verpflichtungen meistens die ganze Aufmerksamkeit raubt, wird man sich über diese tieferen Vorgänge im eigenen Inneren gar nicht mehr bewußt, und man geht so über vieles hinweg. Die Reiki-Übertragungen, gleichgültig ob man sich selbst Reiki gibt oder es von einer anderen Person bekommt, bieten hier eine große Unterstützung, sich über Bedürfnisse und Sehnsüchte klarzuwerden, die bisher im Dunkeln lagen. Es können dabei aber auch Fähigkeiten freigelegt und erweckt werden, von denen man bisher nicht wußte, daß man sie hatte. Bereits meine ersten Erfahrungen mit Reiki liefen in diese Richtung. Daß es mir durch die Selbstbehandlung möglich wurde, meine Meditation zu vertiefen und konkrete Begebenheiten in der Zukunft präzise wahrzunehmen, was durch die Stimulierung des Dritten Auges ausgelöst wurde, hätte ich vor Beginn dieser Behandlungen niemals gedacht oder erwartet.

Durch den zweiten Grad von Reiki und die dazugehörigen Symbole erweitert sich das Spektrum der Selbsterforschung, da man zusätzlich fähig wird, direkt über die Mentalebene auf das eigene Innere einzuwirken. Um dies zu verdeutlichen möchte ich noch einmal auf das vorangegangene Beispiel vom Menschen mit dem angespannten Solarplexus eingehen:

Dieser Mensch stellt nach den Reiki-Behandlungen in seinem alltäglichen Leben fest, daß er nicht nur mit seinem Arbeitskollegen Probleme hatte. Ihm fällt auf, daß er grundsätzlich die Tendenz hat, schwierigen Situationen zunächst einmal aus dem Wege zu gehen, weil er Angst vor der Reaktion seiner Mitmenschen hat. Der zweite Grad von Reiki macht es ihm durch die Mentalbehandlungen möglich, sich in diesem Zusammenhang gezielt zu helfen und zu unterstützen. Eine geeignete Affirmation innerhalb der Mentalbehandlung wäre in seinem Fall z.B. „Ich bin nun bereit, meiner Angst vor anderen Menschen zu begegnen und mich jeder schwierigen Situation zu stellen.“ Die Voraussetzung für eine positive Änderung ist allerdings sein wirklicher Wunsch und Wille, diese Angst aufzulösen.

Die Mentalbehandlungen können sehr intensiv und wirksam sein, weil sie direkt auf die geistige Ebene einwirken. Meistens werden durch sie unmittelbar Reaktionen im Inneren ausgelöst, die daraufhin verarbeitet und in das Gesamtsystem integriert werden müssen. Nach der Teilnahme am zweiten Grad war ich, wie schon erwähnt, derart von den Möglichkeiten der Mentalbehandlung begeistert, daß ich mir gleich mehrere Affirmationen für unterschiedliche Bereiche aussuchte. Diese verschiedenen Behandlungen machte ich über einige Wochen hinweg regelmäßig jeden Tag. Ich hatte zwar gelernt, daß man sie bereits nach einigen Anwendungen wieder absetzen mußte, damit sie ihre Wirkung entfalten konnten, aber ich beachtete diese einfache und einleuchtende Regel nicht. Plötzlich wurde ich angespannt und nervös, und es dauerte einige Zeit, bis ich diesen Zustand mit den Mentalbehandlungen in Zusammenhang brachte und sehen konnte, daß ich es übertrieben hatte. Diese Erfahrung machte mir bewußt, welch starke Wirkung diese Arbeit auf das gesamte Energiesystem hat.

Generell kann man die Mentalbehandlungen als ein Mittel und Werkzeug benutzen, um sich systematisch zu erforschen und zu formen. Wenn wir wieder unser vorangegangenes Beispiel nehmen, dann könnte das folgendermaßen aussehen:

Dieser Mensch findet durch seine Mentalbehandlungen und auch durch die Situationen im täglichen Leben heraus, daß seine Angst vor anderen Menschen in seiner Kindheit begründet liegt. Er entscheidet sich für eine weitere Serie von Mentalbehandlungen und für eine neue Affirmation, die z.B. heißen könnte: „Ich bin nun bereit, die wahren Gründe für meine Angst vor Menschen zu erkennen und aufzulösen."

Er öffnet sich diesem Teil seines Inneren so sehr, daß ihm die Ursprungssituation für seine Angst bewußt wird. Nun kann er die Gründe und Zusammenhänge für diese verstehen. Das löst in ihm einen tiefen Heilungsprozeß auf allen Ebenen seines Seins aus, bei dem die Angst endgültig verschwindet.

Manchmal dauert es einige Zeit, und es bedarf einer eingehenden Erforschung des Inneren, bis man eine wirklich dauerhafte und positive Veränderung herbeiführen kann. Im Laufe dieses Bewußtwerdungs- und Heilungsprozesses lernt man jedoch immens viel über sich selbst. Manchmal geht alles auch ganz schnell und verwirklicht sich bereits mit der ersten Serie von Mentalbehandlungen. Reiki vermittelt auf diese Art großartige Schlüssel, mit denen man sehr einfach und effektiv alte Blockaden, Bindungen und Energiemuster auflösen kann, so daß alle Bereiche – der körperliche, emotionale, mentale und spirituelle – stabiler und lichtvoller werden können.

Es versteht sich von selbst, daß ein Reiki-Lehrer all diese beschriebenen Dimensionen erlebt und sich ein großes Erfahrungsspektrum erworben hat, das ihm erlaubt, seine Schüler anzuleiten und zu beraten. Gerade als Reiki-Lehrer ist es wichtig, daß man mit der Selbsterforschung und -überprüfung nie aufhört, so wie das für jeden Menschen nötig ist, der andere anleitet und berät. Der Reiki-Lehrer hat hierzu ein wunderbares Mittel – das Meistersymbol – das er für seine Bewußtwerdung nutzen kann, indem er es in seinen Meditationen einsetzt.

In meiner Arbeit als Reiki-Lehrerin hat es sich bestätigt, daß Reiki für all diejenigen zu einer konstanten Quelle der Freude werden kann, die wirklich bereit sind, sich selbst mit allen Facetten und in allen Bereichen kennenzulernen. Diese Menschen können dann einerseits die schönen Momente einer Behandlung genießen und immer wieder neue Tiefen und Dimensionen von sich selbst und von Reiki entdecken, andererseits können sie aber auch leichter schwierige Zeiten überstehen. Der tiefe Wunsch, sich selbst mit allen Qualitäten und Fähigkeiten kennenzulernen, ist die beste Voraussetzung, um Reiki für lange Zeit erfolgreich praktizieren und auch anderen Menschen nahebringen zu können.

Das Gesetz von Geben und Nehmen

Alles im Universum ist im Austausch miteinander. Jeder Planet, jede Sonne, jeder Stern nimmt kosmische Energie auf, wandelt sie um und gibt sie wieder ab. Alles im Universum ist im Fluß. Jeder Planet eines Sonnensystems ist wichtig für all die anderen Planeten, denn er trägt in sich eine einzigartige Qualität, die er all den anderen zur Verfügung stellt. Jedes Sonnensystem hat eine wichtige Stellung innerhalb seiner Galaxie und ist unabdingbar für ihre Aufrechterhaltung. Die Galaxie würde kollabieren, wenn dieses Sonnensystem aus irgendeinem Grund aus ihr herausfallen würde. Ein Austausch von Energie, von Licht und Liebe findet also im Makrokosmos ständig statt. Ebenso ist es im Mikrokosmos, denn immer gilt: "Wie im großen, so auch im kleinen. Wie oben, so auch unten."

Innerhalb eurer Welt gilt ebenfalls das Gesetz von Geben und Nehmen oder das Gesetz des Austauschs, ob wir nun die Natur betrachten oder das Geschehen innerhalb eures physischen Körpers. Ein Baum ist für die Natur und die Menschen ein wichtiges Wesen, denn er nimmt Kohlenstoff auf, wandelt ihn in Sauerstoff um und gibt ihn an die Atmosphäre ab. Er reinigt die Atmosphäre, ebenso wie viele andere Pflanzen. Ohne die Bäume und die Pflanzen wäre kein Leben auf der Erde möglich.

Jedes einzelne Organ innerhalb eures Körpers ist wichtig für all die anderen und zwischen ihnen wird ständig Energie ausgetauscht und weitergeleitet. Alle stehen im Grunde durch feine Energiekanäle miteinander in Verbindung. Fällt ein Organ durch Krankheit aus, kommt dieses Miteinander aus dem Gleichgewicht.

Auch das Zusammensein der Menschen ist bestimmt vom Austausch untereinander – vom Geben und Nehmen. Ständig fließt Energie zwischen euch und euren Mitmenschen in Form von Gefühlen, Gedanken, Taten und Materie hin und her. Alles, was ihr tut und erschafft, ist umgewandelte Energie. Ein Freund hilft euch bei einer Arbeit. Er schenkt und gibt euch seine Energie, indem er euch seine Zeit und seine Fähigkeiten zur Verfügung stellt. Er gibt euch etwas, und ihr nehmt etwas von ihm an. Ein Geben und Nehmen findet statt. Ein anderes Mal helft ihr ihm und das Verhältnis von Geben und Nehmen gleicht sich zwischen euch aus.

Im Universum ist das Verhältnis von Geben und Nehmen ständig im Gleichklang. Wäre es nicht so, dann würde es sehr schnell auseinanderfallen. Es ist somit wichtig, daß das Verhältnis von Geben und Nehmen ausgeglichen ist.

Das ist innerhalb der menschlichen Welt leider sehr oft nicht der Fall. Manche Menschen haben sich darauf spezialisiert, vor allem nur zu geben, andere nur zu nehmen. Ein Mensch, der anderen sehr viel gibt, aber grundsätzlich

Probleme damit hat, etwas von ihnen dafür auch anzunehmen, hat ein sehr unbalanciertes Verhältnis zum kosmischen Gesetz des Austauschs. Wenn die anderen keine Chance oder Gelegenheit dazu bekommen, ihm auch etwas zu geben, kann sich das an und für sich Positive – das, was er gegeben hat – in etwas Negatives umwandeln, weil eine gewisse Schuldigkeit entsteht.

Ein Mensch, der von anderen immer nur etwas nimmt, aber ihnen nie etwas gibt, hat ebenso ein unausgeglichenes Verhältnis zum Gesetz des Austauschs, denn er läßt die anderen quasi mit leeren Händen zurück. Ein Mensch, der immer nur nimmt, ist für andere wie ein schwarzes Loch.

Für beide Menschen, den immer nur Gebenden wie den immer nur Nehmenden, ist dieses Verhalten nicht von Vorteil, wobei der Gebende meistens sehr viel Ansehen innerhalb der Gesellschaft genießt, was auch eine Art der zurückfließenden Energie ist. In beiden Menschen ist der Energiehaushalt gestört oder sehr einseitig ausgerichtet. Aus dem Menschen, der hauptsächlich oder immer nur gibt, strömt laufend Energie aus und er nimmt zuwenig auf. In den Menschen, der hauptsächlich oder immer nur nimmt, fließt laufend Energie ein und er gibt zuwenig ab. Beide haben ihre Gründe, warum sie sich so verhalten.

Reiki hat mit dem Strömen der kosmischen Energie zu tun. Sie tritt in euch ein, durchströmt euch und verläßt euch auch wieder – ihr nehmt sie auf und gebt sie auch wieder ab. Reiki erinnert euch an ein Grundgesetz des Lebens – Austausch findet immer statt, Geben und Nehmen ist das Wesen der Existenz!

Dieses Gesetz ist wichtig für euch, wenn ihr eine Reiki-Übertragung bekommt, und es beinhaltet, daß ihr die Energie frei durch euch strömen lassen solltet, ohne sie irgendwo festzuhalten. Ein Beispiel hierfür wäre, daß ihr ein hochkommendes Gefühl zu- und dadurch auch wieder loslaßt und es nicht unterdrückt und festhaltet.

Dieses Gesetz ist aber natürlich auch von Bedeutung im Zusammensein mit anderen Menschen. Damit dies klarer wird, möchten wir es durch einige Fragen verdeutlichen:

- *Fällt es euch leicht, anderen Menschen etwas zu geben oder anzubieten?*
- *Fällt es euch leicht, von anderen Menschen etwas anzunehmen?*
- *Ist das Verhältnis von Geben und Nehmen in euren zwischenmenschlichen Beziehungen grundsätzlich ausgewogen?*
- *Könnt ihr das, was ihr gebt, richtig einschätzen oder neigt ihr dazu, es über- oder unterzubewerten?*

Diese Fragen sollen euch einmal dazu anregen, näher auf dieses Thema einzugehen und es tiefer zu beleuchten. Durch das Praktizieren von Reiki könnt ihr euch darin üben, die beiden Qualitäten von Geben und Nehmen bewußter zu leben – zunächst für euch selbst, dann aber auch im Umgang mit anderen Menschen. Es ist keine Lösung im Zusammensein mit anderen, nur zu geben oder nur zu nehmen. Immer muß ein Ausgleich, ein Austausch zwischen Menschen stattfinden können. Wenn ihr einem Freund eine Reiki-Behandlung gebt, dann müßt ihr ihm die Möglichkeiten eröffnen, daß er auch etwas für euch tun darf, indem er euch z.B. ebenfalls Reiki gibt, bei einer Arbeit hilft oder euch ein kleines Geschenk macht. Manchmal ist ein sofortiger Austausch nicht immer möglich, aber das ist nicht von Bedeutung. Hauptsache ist, daß er überhaupt stattfinden kann. Eine

Balance von Geben und Nehmen zwischen zwei Menschen macht diese in ihrer Beziehung zueinander frei. Ein Ungleichgewicht bindet den einen an den anderen und macht ihn in gewisser Weise von ihm abhängig und sei es „nur" in Gedanken.

Heutzutage ist es zwischen Menschen im großen Maße üblich, etwas für einen anderen zu tun, weil dadurch eine Schuldigkeit erzeugt wird. Bei späterer Gelegenheit kann man jederzeit auf ihn zurückkommen und diese Schuldigkeit bei ihm einfordern. Der andere kann dann nicht „Nein" sagen oder diesen Dienst ablehnen. Dies ist ein sehr häufiges Gebahren zwischen den Menschen – man gibt einem anderen etwas, um ihn mehr oder weniger zwingen zu können, etwas bestimmtes für einen zu tun. Eine große Berechnung ist hierbei im Spiel, die heißt: "Ich habe dir etwas gegeben, also bist du mir verpflichtet, mir irgendwann etwas ganz bestimmtes zurückzugeben." Das ist eher ein Zwang, der auf einen Menschen ausgeübt wird und kein freier Austausch von Energie.

Das freie Fließen von Energie in einem Menschen möchte einem anderen immer auch etwas zurückgeben, wenn dieser ihm weitergeholfen hat. Das ist eine natürliche Reaktion und hat nichts mit einem Zwang oder einem Muß zu tun. Wenn euch ein Mensch weiterhilft oder euch etwas lehrt, dann seid ihr ihm dankbar dafür und ihr möchtet ihm etwas zurückgeben. Ihr habt bekommen und möchtet geben. Dadurch findet ein Ausgleich der Energien statt. Kann sich kein Ausgleich in angemessenem Maße vollziehen, entstehen immer Unstimmigkeiten und das Energieverhältnis zwischen zwei Menschen wird gestört.

Diese Zusammenhänge sind bei einer Methode wie Reiki sehr stark zu beachten, da sie in ihrem Ursprung ja selbst etwas mit einem direkten Austausch von Energie zu tun hat.

Jeder Reiki-Praktizierende oder -Lehrer sollte sich also mit dem Thema von Geben und Nehmen ausführlich beschäftigen und einmal genau betrachten, wieviel er gibt und nimmt, wieviel er geben will und nehmen will und ob dieses Verhältnis von Geben und Nehmen ausgewogen ist.

Der freifließende, balancierte Austausch von Geben und Nehmen ist ein wichtiger Bestandteil eines harmonischen Zusammenlebens und die Grundlage für die Freiheit des Individuums.

Was ein einzelner Mensch, eine Gruppe von Menschen oder eine ganze Gesellschaft über das Verhältnis von Geben und Nehmen denkt und fühlt, ist von sehr großer Bedeutung für ihr Zusammenleben. In den westlichen Zivilisationen ist ein Gedankengut vorherrschend, das in diesem Zusammenhang eher unausgewogen ist. Nicht der Mensch wird unter anderem am meisten geschätzt und respektiert, der ein fließendes Leben lebt oder gelebt hat, sondern der, der viel gesammelt und gehortet hat. Großer materieller Reichtum und Besitz wird respektiert und geachtet, auch wenn er auf Kosten anderer erworben wurde. Gleichzeitig wird auch ein Mensch respektiert, der anderen ständig hilft und ihnen etwas gibt, ohne dafür etwas im gleichen Verhältnis zurückbekommen zu wollen. Diese beiden unausgewogenen Extreme werden in der Gesellschaft anerkannt, und sie spiegeln grundsätzliche Einstellungen von vielen Menschen über das Verhältnis von Geben und Nehmen wider. Extreme werden verherrlicht, ein ausgewogenes Verhältnis wird nicht großartig beachtet und gewürdigt.

Diese unbalancierte Einstellung hat sich natürlich auch auf Reiki ausgewirkt, nachdem es wiederentdeckt worden war und in den Westen kam. Von Beginn an gab es keine besonders ausgewogene Balance zwischen dem, was ein Reiki-Lehrer gab und dem was er von seinen Schülern dafür bekam. Am Anfang war der Ausgleich für den Reiki-Gebenden und den -Nehmenden jedoch relativ klar geregelt, aber im Grunde nicht immer zur Zufriedenheit aller Beteiligten.

Die Unzufriedenheit mit den anfänglichen Spielregeln führte zu einer Veränderung und Aufweichung derselben, bis hin zu ihrer vollständigen Auflösung. So entstand nach einer Phase der klaren Regelung, die nicht jeder Reiki-Interessierte akzeptieren wollte, eine Phase des völligen Chaos, in der alles möglich war und auch noch möglich ist.

Man kann und konnte z.B. „ein und dieselbe" Ausbildung für ein paar hundert oder für viele tausend Mark machen. Manch einer hoffte dabei, für möglichst wenig Gegenleistung möglichst viel zu bekommen. Ein anderer wollte vielleicht wenig nehmen und meinte, dafür viel zu geben. Die letzten Jahre waren somit von einer sehr unterschiedlichen Art der Einstellung dem Geben und Nehmen gegenüber geprägt. Die unterschiedlichen Erfahrungen, die in dieser Zeit mit dem Verhältnis von Geben und Nehmen gemacht wurden, waren eine wichtige Erfahrung für alle Beteiligten, aus der jeder, der wollte, sicherlich auch etwas gelernt hat.

Alle Ideen und Gedanken, die in einem unbalancierten Verhältnis der beiden Pole angesiedelt waren, haben sich im Laufe der Zeit ihrer Grundintention nach ausgewirkt. Es kam immer wieder vor, daß jemand, der wenig geben, aber trotzdem viel bekommen wollte, letztendlich doch wenig bekam. Ein anderer, der vielleicht mehr geben als nehmen wollte, mußte letztendlich feststellen, daß er auf Dauer nicht mehr viel geben konnte.

Somit wurden schon endlos viele verschiedene Konstellationen unausgewogener Verhältnisse von Geben und Nehmen in der Reiki-Ausbildung gelebt, die sich natürlich in der Praxis jedes einzelnen Menschen entsprechend fortsetzten. Deswegen begannen zwar viele Menschen mit Reiki, wendeten es dann aber nicht lange an. Andere waren trotz der Ausbildung derartig verunsichert, daß sie lieber erst gar nicht mit dem Praktizieren oder Lehren begannen. Im Laufe der letzten Jahre sind mir unzählige Menschen begegnet, die solche Erfahrungen gemacht haben.

Hieran wird wiederum deutlich, wie wichtig schon der erste Schritt in eine Richtung ist. Beginnt man Reiki mit unausgewogenen Ideen und Gedanken im bezug auf das Verhältnis von Geben und Nehmen, wird sich das früher oder später entsprechend auswirken und man kann nicht auf Dauer von den vielfältigen Möglichkeiten dieser Methode profitieren. Der zweite Punkt unserer sieben Grundregeln, die Ausbildung, kann ebenfalls sehr kurz und knapp oder sehr fundiert und ausführlich sein, je nachdem wie groß die Lernbereitschaft und der Wille ist, diesen Aufwand entsprechend zu honorieren.

Ein Grund für die extremen Unterschiede in der Reiki-Ausbildung ist sicherlich darin zu suchen, daß immer schon eine große Unsicherheit darüber bestand, was alles zu einer solchen Ausbildung gehören sollte. Deshalb habe ich in einem vorhergehenden Kapitel versucht, die Inhalte für Reiki-Interessierte zu erläutern, so daß sich jeder schon vor Beginn dieser Arbeit ein relativ genaues Bild davon machen kann.

Ich hoffe, daß dadurch für jeden Leser die Möglichkeit besteht, von vornherein nach harmonischen, ausgewogenen Lösungen zu suchen, so daß man Reiki möglichst lange und intensiv mit all seinen Möglichkeiten genießen kann. Aber auch für all diejenigen, die Reiki bereits erlernt haben, es praktizieren oder sogar lehren, besteht natürlich jederzeit die Möglichkeit, ihr Verhältnis zum Geben und Nehmen innerhalb der Reiki-Arbeit zu hinterfragen, so wie es die Weltenhüter in ihrem Text am Anfang dieses Kapitels vorgeschlagen haben.

Wenn man sich über die eigenen Einstellungen in bezug auf das Geben und Nehmen bewußt wird, dann kann man mit der Zeit erkennen, daß alles miteinander verbunden ist und daß ein unausgewogenes Verhältnis immer zu Schwierigkeiten, Problemen und Leid führt, weil es nicht den universellen Gesetzen entspricht. Für jeden Reiki-Praktizierenden wird die Reiki-Energie immer intensiver werden und neue Wunder und Dimensionen offenbaren, wenn man auch ein balanciertes Verhältnis von Geben und Nehmen im Umgang mit dieser Methode zuläßt.

Reiki als spiritueller Weg

Reiki war in seinen Ursprüngen, die wir an anderer Stelle schon aufgezeigt haben, Teil eines spirituellen Weges. Es ist aus einer meditativen Kontemplation heraus entstanden. Die einstigen Entdecker von Reiki waren Mönche, die ihr Leben der spirituellen Bewußtwerdung gewidmet und innerhalb ihres Ordens oder ihrer Gruppe voller Hingabe die Heilkünste erforscht hatten.*

Es war Teil ihres Bewußtseins und ihrer Erfahrung, daß der Mensch ständig von kosmischer Energie durchströmt wird, die gezielt zu Heilzwecken eingesetzt werden kann. Die Motivation für ihre Forschungen, die letztendlich zu der Entdeckung von Reiki geführt hat, war Liebe und Mitgefühl für ihre Mitmenschen und der tiefe Wunsch, Heilung für alle

---

* Anmerkung: Im Buchtitel „Reiki – Ein Weg, sich selbst zu vervollkommnen" wird die Entstehungsgeschichte von Reiki ausführlich beschrieben.

herbeiführen und bereitstellen zu können. Der Hintergrund der Entdecker von Reiki war ein Leben voller Meditation, Kontemplation und Spiritualität. Der erste Schritt bei der Entdeckung von Reiki war also die Liebe und das Mitgefühl spirituell ausgerichteter Menschen.

Erinnert euch an unsere erste der hier aufgeführten Grundregeln – die Motivation. Sie ist immer der erste Schritt in eine ganz bestimmte Richtung, die alles weitere beeinflußt. Die ursprüngliche Motivation von Reiki war somit Liebe, die geprägt war von Spiritualität. Dies ist auch heute noch wichtig und aktuell, denn Reiki als eine Methode in dieser schnellen und unruhigen Zeit beinhaltet und trägt immer noch diese Qualitäten in sich. Natürlich ist es dabei entscheidend, wie jeder einzelne Mensch an Reiki herangeht:

- *Wie seine grundsätzliche Motivation aussieht.*
- *Welche Ausbildung er genossen hat.*
- *Wie er sich auf Reiki einläßt.*
- *Wie er seine Bewußtheit entwickelt und schult.*
- *Wie er sich auf sich selbst einläßt und sich seinem innersten Wesen annähert.*
- *Wie er Geben und Nehmen zuläßt und praktiziert.*

Reiki als Methode alleine kann nichts für einen Menschen tun. Es ist immer der Mensch, der eine Methode zum Leben erweckt, und es ist immer vom Menschen abhängig, wie sehr er sich auf sie einläßt und sie auf sich wirken läßt. Der Mensch selbst muß die Qualitäten, die in Reiki enthalten oder mit Reiki verbunden sind, entdecken und sich selbst erschließen.

Reiki fördert immer den Respekt für das Leben, die Liebe für alle Wesen und das Bewußtsein, ein Teil eines großen übergeordneten Organismus zu sein. Diese drei Qualitäten oder Eigenschaften sind die Ursprünge für das Erwachen der Spiritualität. Unter Spiritualität verstehen wir das Streben des Menschen nach einem höheren Sinn und nach der Verbindung mit dem Göttlichen. In jedem Menschen ist der Wunsch präsent, sich ganz mit etwas verbinden oder verschmelzen zu wollen, und vielen ist es nicht bewußt, mit wem oder was dies sein soll oder sein könnte. Viele suchen die Erfüllung in einem oder mehreren Partnern, in der Gründung einer Familie, in waghalsigen Abenteuern oder im Drogen- und Alkoholrausch. All diese Wege werden früher oder später nicht die gewünschte Erfüllung bringen, denn die Sehnsucht nach Verschmelzung, die in jedem Menschen unterschiedlich stark ausgeprägt ist, ist viel tiefgehender und hat mit einem spirituellen Bedürfnis zu tun. Jeder Mensch hat spirituelle Bedürfnisse, nur werden diese heutzutage kaum mehr wahrgenommen oder gefördert, im Gegenteil, sie werden häufig unterdrückt und als unnötig oder irreal bewertet.

Spiritualität ist etwas anderes als die Ausübung oder Zugehörigkeit zu einer bestimmten Religion. Spiritualität kann frei und ohne die Zugehörigkeit zu einer Religionsgemeinschaft gelebt werden. Spiritualität ist ursprüngliche Religiosität. Jede Religion hat sich auf etwas andere Kernpunkte der Spiritualität konzentriert, die sie für besonders wichtig hielt und die sie hervorheben wollte.

Spiritualität ist frei von jeder Bewertung, Beurteilung oder Kategorisierung der Religionen, und sie ist in ihrem Ursprung die Suche des Menschen nach einer Verbindung mit dem Göttlichen, mit dem Höheren. Diese Suche beginnt immer im Inneren des Menschen. Das Göttliche kann nicht in der äußeren Welt gefunden werden, wenn man es sich verweigert, es im eigenen Inneren zu erkennen. Obwohl viele Menschen, die sich auf einen spirituellen Weg begeben, im Außen suchen, findet die wahre Suche trotzdem im Inneren statt. Kein spiritueller Lehrer oder Meister kann seinen Schüler zur Erleuchtung führen, wenn sich der Schüler nicht selbst auf den inneren Weg macht.

Viele Menschen sind heutzutage auf einer spirituellen Suche, aber sie sind sich nicht bewußt darüber, denn sie verstehen ihr Sehnen und Streben nicht, oder sie ordnen es nicht richtig ein. Andere Menschen sind darum bemüht, ihrem Streben Ausdruck zu verleihen und ihm nachzukommen, aber sie wissen nicht wie.

Wir sagten bereits, daß wir Reiki nicht nur als eine Methode der Heilung, sondern auch der Bewußtseinserweiterung ansehen, die mit der Zeit die Qualitäten der Liebe und der Spiritualität fördert. Der meditative Prozeß einer Reiki-Übertragung unterstützt in beiden Beteiligten, dem Gebenden und dem Nehmenden:

Eine größere Bewußtwerdung
über das eigene Innere,
das Stillwerden und zur Ruhekommen,
den gegenseitigen Respekt und
das Mitgefühl füreinander.

Dieser Prozeß macht für beide Beteiligten die Erfahrung möglich, daß durch eine innere Öffnung die größten Wunder geschehen können. Das ist besonders heutzutage von großer und wichtiger Bedeutung, denn die Ausrichtung vieler Menschen ist von Kontrolle und Festhalten bestimmt.

Ein Mensch, der immer nur Kontrolle über sich und sein Leben und damit auch über seine Mitmenschen ausübt, lebt sehr einseitig. Er verhärtet sich dadurch und benötigt deswegen dringend einen Ausgleich, der diese Art der inneren Anspannung wieder auflöst und in gewissem Sinne erweicht, damit eine andere Sicht des Lebens für ihn möglich wird. Wenn das Leben eines Menschen hauptsächlich von der Erschaffung von Sicherheiten und dem Festhalten an diesen bestimmt ist, dann wird die Dimension des Im-Fluß-Seins, des In-Harmonie-Seins mit der Existenz völlig ausgeschlossen, und somit wird ein Grundbedürfnis, das jeder Mensch wenigstens im Ansatz in sich trägt, unterdrückt oder nicht gelebt. Härte, vor allem sich selbst gegenüber, bestimmt dann das Leben und nicht Weichheit und Güte. Für diesen Menschen wird Entspannung nur noch in ganz seltenen Momenten möglich.

Ein harmonisches Leben kann nicht aus Kontrolle und Manipulation bestehen. Natürlich ist es nötig, daß bestimmte oder viele Dinge im täglichen Leben geregelt und geordnet, manchmal sogar überprüft und kontrolliert werden müssen. Einen großen Teil des Tages verbringt ihr mit eurer Arbeit, die eure ganze Aufmerksamkeit und Kraft beansprucht, und manchmal müßt ihr sogar innere Grenzen und Schwächen überwinden, um mit ihr weitermachen zu können. Ihr strengt euch in vielen Dingen so sehr an, daß Anstrengung schon ein fester Teil eures Inneren ist. Deswegen ist es von immenser Bedeutung, daß der andere Pol des Lebens – das Fließen- und Loslassenkönnen – gelebt und nicht vergessen wird.

Diese Qualitäten des Geschehenlassens sind durch Reiki erfahr- und lebbar, und gleichzeitig sind sie spirituelle Eigenschaften. Auf der einen Seite ist es also wegen der heu-

tigen Lebensweise besonders wichtig, diesen Qualitäten bewußt Raum zu geben, auf der anderen Seite erfüllen sie auch ein spirituelles Bedürfnis. Spiritualität hat immer mit Öffnung, Fließen und Loslassen zu tun. Reiki ist mit diesen Qualitäten verbunden und fördert sie und ist einst sogar aus ihnen heraus entstanden. Jeder Mensch, der in irgendeiner Form mit Reiki in Berührung kommt, wird von diesen Qualitäten bereichert und beschenkt, aber es kommt natürlich darauf an, wie er sie annehmen kann.

Im ursprünglichen Sinn war Reiki Teil einer spirituellen Praxis, was vor allem auch die Symbole, ihre Namen und ihre Bedeutung zeigen und widerspiegeln. Die Reiki-Symbole sind nicht nur ein Werkzeug, das ihr während einer Reiki-Übertragung anwenden könnt. Die Symbole haben eine tiefe Bedeutung. Sie sind es wert, daß ihr sie euch erschließt, denn sie beinhalten viel mehr als ihr denkt. Die Symbole sind auch ein Schlüssel auf dem Weg zu größerer Bewußtheit, und sie spiegeln verschiedene Stufen dieses Weges wider. Es braucht Zeit und Aufmerksamkeit, bis ihr sie verstehen und erfahren könnt, was aber eine wichtige Regel jeder spirituellen Praxis ist, wie auch unserer sieben Punkte für ein erfolgreiches Arbeiten mit Reiki. In eurem normalen täglichen Leben ist ein erfolgreicher Mensch derjenige, der das meiste Geld und das größte Ansehen innerhalb der Gesellschaft hat. Dabei ist es zweitrangig, wie dieser Mensch das Geld verdient und das Ansehen erreicht hat, und es ist auch nicht von großer Bedeutung, ob er ein liebevoller oder ein arroganter und hartherziger Mensch ist.

Wenn wir von einer erfolgreichen Reiki-Arbeit sprechen, dann meinen wir damit, daß ein Mensch sich Reiki in seiner Gesamtheit schrittweise erschließt, daß er sich auf Reiki und alle damit verbundenen Qualitäten einläßt und bereit ist, über Reiki zu lernen. Eine erfolgreiche Reiki-Arbeit hat aus unserer Sicht, in erster Linie nichts mit Geld und Ansehen zu tun, sondern mit einem fortwährenden inneren Wachsen und Bewußtwerden. Wird dieses Wachsen und Bewußtwerden innerhalb der Reiki-Arbeit ausgeschlossen, dann kann sie nicht erfolgreich sein, denn etwas stockt, was eigentlich Teil dieser Arbeit ist. Reiki ist Fließen! Kann etwas nicht mehr fließen oder ist der Mensch innerlich nicht bereit, zu wachsen und sich zu öffnen, dann wird er früher oder später aufhören, Reiki zu praktizieren oder seine Reiki-Übertragung wird ihm keine Freude mehr machen.

Reiki berührt immer alle Ebenen des Menschen, um auf den Beginn und die einleitenden Erklärungen dieses Buches zurückzukommen. Will ein Mensch innerlich nicht berührt werden, dann kann er auf Dauer nicht mit Reiki in Verbindung bleiben. Das ist nicht möglich.

Ist ein Mensch aber bereit, zu wachsen und sich selbst besser kennenzulernen und findet er Freude an der Entdekkung seines Inneren, dann bietet Reiki eine großartige Unterstützung und Begleitung auf einem Weg zu mehr Bewußtheit an. Einem Menschen, der sich auf die Suche macht und der über die eigenen Begrenzungen hinausblicken will, können sich viel leichter Dimensionen jenseits der Physis eröffnen, die ansonsten unsichtbar bleiben, wenn man sich verschließt. Es gibt so vieles in eurer Welt zu entdecken und zu erforschen. So viele wunderbare Qualitäten liegen in eurem Inneren brach, wenn ihr euch ihnen nicht zuwendet und sie nicht erweckt. Ein Mensch, der seine ganze Aufmerksamkeit nur auf die äußere Welt richtet und nie in sein Inneres blickt, wird nicht erfahren können, was alles an Potential, Kraft und Fähigkeit in ihm steckt. Er wird nie entdecken, was ihn speziell einzigartig und besonders macht.

Ein Mensch, der Freude und Interesse an der Erforschung seines Inneren findet, wird schrittweise sein Potential freilegen können und zu seiner Einzigartigkeit finden. Das ist aber nicht das Ende einer spirituellen Reise, und eigentlich gibt es auch gar kein Ende. Die Krönung dieser Suche ist das Finden des inneren Lichts und die Verbindung mit dem Göttlichen, was durch das Wort „Erleuchtung" ausgedrückt werden soll. Reiki wurde ursprünglich für diesen Weg entwickelt. Es war der Hintergrund der Entdecker von Reiki, diesen Weg der Bewußtwerdung und spirituellen Erleuchtung zu gehen und Mittel und Werkzeuge zu finden, die diesen Weg, den man auch als Heilungsweg bezeichnen kann, zu erleichtern. Jede Methode, jede Technik hat einen ganz bestimmten Grund, warum man sie entwickelt hat. Jeder Forscher hat eine Motivation, warum er etwas erforscht. Die Motivation ist für das „Endprodukt" immer bestimmend.

Jeder Reiki-Praktizierende, gleichgültig ob er im ersten, zweiten oder dritten Grad ausgebildet ist, sollte sich jederzeit über die Qualitäten bewußt sein, die für Reiki wichtig sind:

Liebe und Mitgefühl in jeder Form
– für sich selbst und für andere –
und Bereitschaft für Öffnung,
Fließen und Entfaltung.

Der weitere spirituelle Aspekt von Reiki ist bereits in seinem Ursprung begründet und gilt auch heute noch. Er kann für einen Reiki-Praktizierenden, der sich eng mit diesem Weg verbunden hat oder sich von ihm angesprochen fühlt, auf keinen Fall ausgeschlossen oder nicht beachtet werden, sondern er sollte von ihm geachtet und geehrt werden.

Der Ursprung für das Entstehen von Reiki war Liebe und Mitgefühl und das Fördern von Heilung und Ganzwerdung bis hin zum letztendlichen „Ziel" der Erleuchtung und Vollkommenheit.

Wird dieser Aspekt vom Reiki-Schüler und -Lehrer akzeptiert und integriert, dann eröffnet sich ihnen die eigentliche Dimension von Reiki und gleichzeitig wird Reiki für sie nicht „nur" eine Technik, durch die man gut entspannen kann, die die Selbstheilungskräfte aktiviert und die mentale Kraft fördert. Diese Punkte allein sind bereits sehr hilfreich, denn sie unterstützen die Ganz- und Heilwerdung der ersten drei Bereiche des Menschen – der körperlichen, emotionalen und mentalen Ebene. Reiki spricht aber auch zusätzlich die spirituelle Ebene des Menschen an, ja, Reiki ist aus ihr hervorgegangen und wurde auch für sie konzipiert. Reiki schließt die spirituelle Ebene mit ein, wodurch die „Technik" komplett oder vollständig wird und zu einem Lebensweg oder zu einer Lebenseinstellung werden kann.

Für Reiki-Praktizierende, die den spirituellen Aspekt mit einschließen und beachten, wird Reiki umfassender und verständlicher, und sie werden ganz anders und vor allem respektvoller mit Reiki umgehen können. Es wird vielleicht nicht von allen Reiki-Praktizierenden gewünscht, den spirituellen Aspekt mit in die Reiki-Arbeit einzuschließen, da sie sich ausschließlich auf der physischen Ebene bewegen möchten. Viele Menschen innerhalb der Reiki-Bewegung fühlen, erahnen oder kennen aber die Wichtigkeit eines umfassenden Verstehens der Bedeutung und der Tiefe von Reiki. Die Zeit ist nach all den Jahren, in denen sich Reiki etabliert hat, nun gekommen, in der diese Methode in ihrer ganzen Bedeutung erkannt und auch akzeptiert werden kann. Die Zeit ist reif, alle Aspekte von Reiki zu erkennen und in die Arbeit mit einzuschließen und zu integrieren. Das bedeutet, daß auch wieder aufrichtiger und respektvoller mit dieser Disziplin umgegangen werden kann.

Bei diesem Buch war es uns wichtig, daß nicht nur wir von unserem Blickwinkel aus gesprochen haben, sondern daß auch unsere menschliche Freundin ihr Wissen und ihre Erfahrungen aus der Praxis beigefügt hat. Auf diese Art konnten sich zwei Welten und Ansichten vereinen und ergänzen. Für viele von euch ist es vielleicht neu, daß rein geistige Ebenen oder Lichtwesen existieren, euch begleiten und sogar anleiten können. Die physische Ebene, auf und in der ihr lebt, ist nicht die einzige Existenzmöglichkeit in der Weite des unendlichen Universums. Lichtwesen, so wie wir, begleiten euch und stellen sich euch zur Verfügung, wenn ihr nach ihnen ruft oder wenn ihr um Unterstützung bittet. Ihr, als menschliche Gemeinschaft, seid nicht allein oder losgelöst, sondern eine Gemeinschaft unterschiedlichster Lichtwesen existiert neben und mit euch.

Es ist eine Zeit, in der viele Bewußtseinssprünge möglich sind und in der sich viele Menschen leicht für die rein geistige Ebene öffnen können, wodurch sie eine Erweiterung ihres Bewußtseins erleben. Für diese Menschen sind wir da, und für sie stellen wir uns zur Verfügung. Auf diese Art können wir unseren Blickwinkel, so wie in diesem Buch, der menschlichen Sicht anbieten und hinzufügen.

Es war uns eine Freude, dieses Buch mitzugestalten und wir hoffen, daß wir euch dabei unterstützt haben, ein umfassenderes Verständnis von Reiki zu erlangen. Reiki beinhaltet viele Tiefen, Wahrheiten und Weisheiten und ist besonders für die heutige Zeit ein großer Schatz, der in Ehren gehalten werden sollte, denn durch Reiki wird es für viele Menschen möglich:

– Zunächst die physische Ebene mit all ihren feinstofflichen Komponenten zu verstehen und besser wahrzunehmen.
– Die Verwoben- und Verbundenheit des Körpers, der Gefühle und der Gedanken zu erkennen und zu akzeptieren.
– Die Fähigkeit der mentalen Kraft kennenzulernen und mit ihr bewußt zu arbeiten und umzugehen.
– Die Bedeutung eines spirituellen Lebens zu erfahren.

Was hierbei wichtig und zu beachten ist, haben wir gemeinsam mit unserer Freundin schrittweise aufgezeichnet. Werden alle sieben Punkte oder Grundregeln eingehalten und herausgearbeitet, steht dem Wunder von Reiki nichts mehr im Wege oder wird die Voraussetzung und der Boden dafür geschaffen, daß Wunder geschehen können. Reiki erscheint auf den ersten Blick sehr einfach und ist doch sehr tiefgründig und vielschichtig. Reiki wird sich aber jedem erschließen, der sich darauf und vor allem auch auf sich selbst einläßt.

Reiki verdeutlicht dem Menschen sein eigenes komplexes Wesen und sein großartiges Potential, das aus vielen Teilbereichen besteht. Reiki bringt dem Menschen sich selbst näher und zeigt ihm, welch ein wunderbares, kraftvolles Wesen er ist!

Regine Zopf veranstaltet regelmäßig Reiki-Ausbildungskurse und gibt viele weitere Seminare, Einzelsitzungen und Channelings. Wer aktuelle Informationen über ihre Arbeit möchte, kann Unterlagen anfordern bei:

Weltenhüter Verlag
GmbH
Räderloher Weg 5
D-29348 Scharnhorst

Bücher von Regine Zopf:

Reiki
Ein Weg sich selbst zu vervollkommnen
117 Seiten
ISBN 3-929681-09-9

Engel –
Unsichtbare Helfer
Wie Engel den Menschen unterstützen
155 Seiten
ISBN 3-929681-15-3

Die Vollendung
Eine Erzählung über die Engel auf Erden
213 Seiten
ISBN 3-929681-06-4

Die Strahlen der Erneuerung
Eine Umwandlungsphase für Erde und Mensch, 182 Seiten
ISBN 3-929681-08-0

Maria – Engel der Liebe
Band 1: Die Lehre einer neuen Spiritualität
180 Seiten
ISBN 3-929681-40-4

Liebe – Der Schlüssel für das Neue Zeitalter
120 Seiten
ISBN 3-929681-13-7

Weitere Bücher aus dem Weltenhüter Verlag:

Ralph Peters
Window Color
Engelwelten
ISBN 3-929681-04-8

Regine Zopf / Ralph Peters
Das Engel-Malbuch
Eine Entdeckungsreise durch die
wunderbare Welt der Engel
32 Seiten, ISBN 3-929681-02-1

Ralph Peters
Window Color
Chakra-Mandalas
ISBN 3-929681-05-6

Regine Zopf / Ralph Peters
Das Pyramiden-Malbuch
Spielerisch leicht die wunderbare
Energie der Pyramiden entdecken
32 Seiten, ISBN 3-929681-33-1

Ralph Peters
Das Pyramiden-
Handbuch
Wirkung, Nutzen und
Anwendung
von Pyramiden für
den Menschen
in der heutigen Zeit
80 Illustr., 151 S.
ISBN 3-929681-61-7

Geschenkbücher aus dem Weltenhüter Verlag:

Regine Zopf
Affirmationen von Engeln
Aus der Reihe:
Goldene Momente
ISBN 3-929681-51-x

Regine Zopf
Die Liebe der Engel
Aus der Reihe:
Goldene Momente
ISBN 3-929681-53-6

Regine Zopf
Zauber der Engel
Aus der Reihe:
Goldene Momente
ISBN 3-929681-50-1

Regine Zopf
Meditationen von Engeln
Aus der Reihe:
Goldene Momente
ISBN 3-929681-52-8

Postkarten-Malbücher aus dem Weltenhüter Verlag:

R. Zopf / R. Peters
Das Chakra-Postkarten-Malbuch
16 Postkarten, ISBN 3-929681-20-x

R. Zopf / R. Peters
Das Pyramiden-Postkarten-Malbuch
16 Postkarten, ISBN 3-929681-34-x

R. Zopf / R. Peters
Das Aura-Postkarten-Malbuch
16 Postkarten, ISBN 3-929681-17-x

R. Zopf / R. Peters
Das Engel-Postkarten-Malbuch
16 Postkarten, ISBN 3-929681-03-x

Neben ihrer Tätigkeit als Seminarleiterin und Autorin arbeitet Regine Zopf seit Jahren als mediale Künstlerin. Einige ihrer Bilder sind im Weltenhüter Verlag als Kunst-Briefkarten erschienen. Hier einige Beispiele in schwarz-weiß:

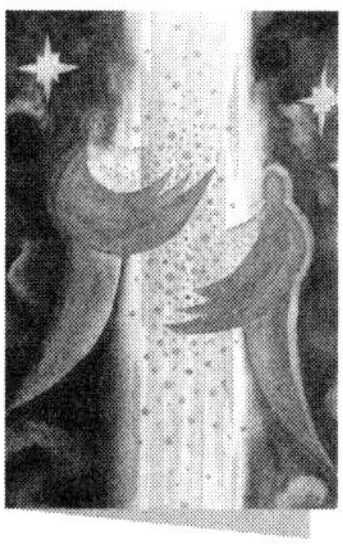

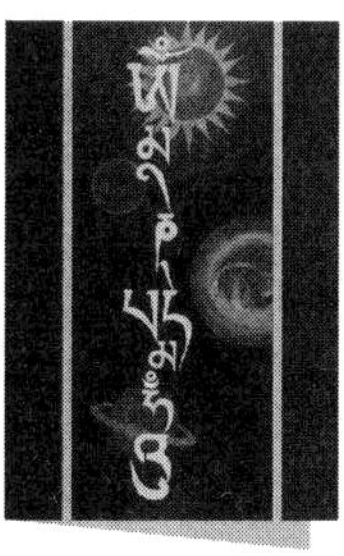

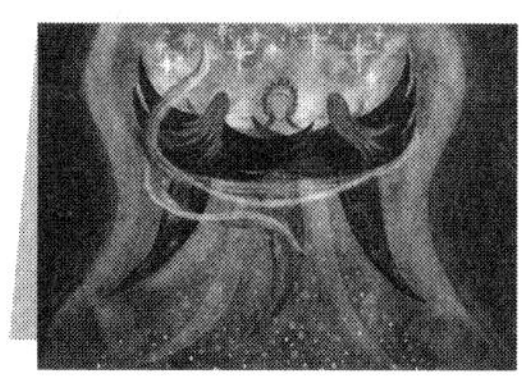

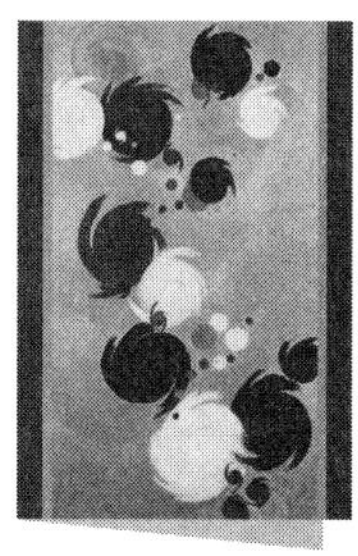

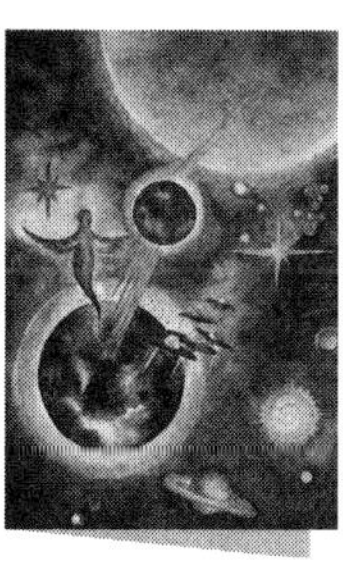

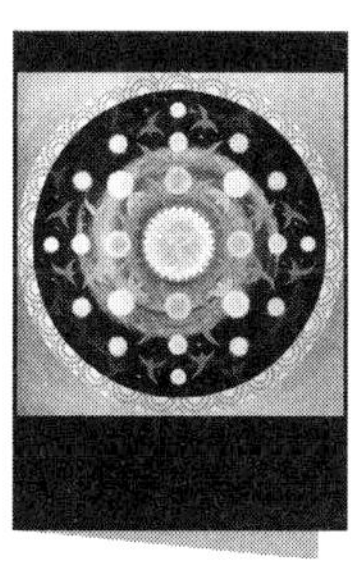